INTRODUCTION

Nous vivons à une époque où règne l'anxiété. Telle une odeur nauséabonde omniprésente avec laquelle nous avons grandi et à laquelle nous sommes maintenant habitués, l'anxiété est devenue un état de fait, une réalité sur cette planète. Nous avons mille et une bonnes raisons de nous sentir angoissés : des pandémies mondiales aux crises économiques en passant par les problèmes familiaux à gérer au quotidien. Les informations et les réseaux sociaux auxquels nous avons accès 24h/24 contribuent à ce malaise. Il y a trop d'informations autour de nous pour que l'on puisse les filtrer et trop de stimulations pour que l'on puisse décompresser. C'est comme si nul ne pouvait échapper au stress du quotidien. Mais se sentir angoissé est-il inéluctable ?

Oui… mais il y a anxiété et anxiété.

C'est dans le labo de neurosciences de l'université de New York que j'ai commencé à faire des recherches et à écrire sur le sujet. À cette époque, je n'avais pas du tout le sentiment d'être une personne angoissée… Enfin, jusqu'au jour où j'ai pris conscience des mots employés par les sujets participant à mon étude, mes amis, les autres membres du labo, mes collègues – des mots qui faisaient aussi partie de mon vocabulaire – pour décrire ce que nous ressentions lorsque nous étions angoissés :

- « Inquiet(ète) »
- « À cran »
- « Stressé(e) »

- « Avoir du mal à se concentrer »
- « Ennuyé(e) »
- « Pessimiste »
- « Non motivé(e) »
- « Nerveux(se) »
- « Sur le point de craquer »
- « Sur la défensive »
- « Apeuré(e) »
- « Incapable de trouver le sommeil »

Ça vous rappelle quelque chose ?

Il suffit de faire une recherche sur Google pour découvrir que 18 % de la population américaine, soit environ 40 millions de personnes, souffrent d'au moins un trouble de l'anxiété – notamment du trouble panique, des troubles du stress post-traumatique (TSPT) et du trouble anxieux généralisé (TAG). Or ces chiffres émanant de diagnostics dûment posés ne reflètent pas l'impact réel de l'anxiété sur la population. Des centaines de millions d'individus dans le monde souffrent d'anxiété de plus bas grade, ne présentant aucun signe clinique, et qui pourtant perdure et épuise – vous savez, cette sensation que nous ressentons tous à un moment ou à un autre. Tous ces soucis, qui, le soir, vous empêchent de trouver le sommeil alors que vous êtes épuisé. Ces *to-do lists* qui n'en finissent plus et font que vous avez la sensation que vous n'arriverez jamais à faire un break. Ce manque de concentration qui fait que vous n'arrivez pas à lire un article en entier dans un magazine et encore moins à réfléchir à un problème. Ce sentiment d'indifférence qui vous empêche de communiquer comme vous le voudriez avec votre famille et vos amis. Peut-être avez-vous déjà ressenti l'un, voire l'ensemble de ces signes typiques de ce que j'appelle « anxiété du quotidien ». Car, en effet, l'anxiété peut se manifester de différentes manières dans notre vie. Et même si vous ne vous *sentez* pas angoissé, vous êtes probablement d'accord avec moi pour reconnaître que le monde moderne qui est le nôtre est presque toujours source de stress.

Si l'on en croit des statistiques publiées récemment, l'anxiété est très présente dans nos vies et touche environ 90 % de la population, ce qui représente un nombre considérable d'individus (dont je fais partie) qui souvent se font une raison et se disent qu'ils n'ont d'autre choix que d'accepter que cette anxiété, quelle qu'en soit la forme, fasse partie de leur vie. Une anxiété qui pompe toute notre énergie, nous rend malheureux, nous renvoie une image négative de notre corps, a un impact négatif sur notre désir sexuel et fait que nous avons des difficultés à communiquer avec nos amis et les êtres que nous aimons. S'il nous arrive de connaître des périodes d'accalmie durant lesquelles l'anxiété semble disparaître momentanément, tôt ou tard, nous sommes rattrapés par nos peurs, nos craintes et une liste interminable de « et si ».

Ces symptômes n'étant considérés comme ni graves ni handicapants, l'anxiété du quotidien est rarement traitée – et ce, même si les effets secondaires perturbent considérablement notre vie de tous les jours et nos rapports avec autrui, notre aptitude à faire notre travail, notre capacité à éprouver du plaisir et à nous amuser, notre volonté à accepter de nous lancer dans de nouveaux projets, de nous engager pour une cause ou de mettre en place des changements. L'angoisse du quotidien peut véritablement nous voler nos vies.

Nous sommes trop nombreux à considérer les facteurs de stress comme faisant inéluctablement partie de notre vie. En fait, être continuellement tendu, ne pas dormir la nuit, avoir du mal à se concentrer et avoir peur semblent être des réponses normales au monde dans lequel nous vivons. En effet, certaines personnes ne considèrent pas l'anxiété comme quelque chose qu'elles portent en elles, mais comme un élément qui fait partie du stress général qui les entoure, comme si l'anxiété était un gros nuage noir auquel elles ne pourront échapper si elles ne courent pas suffisamment vite pour aller se mettre à l'abri.

Lorsque j'ai commencé à m'intéresser à l'anxiété, je me suis dit que j'allais appliquer le résultat de mes recherches sur le lien entre l'activité physique et le cerveau (sujet de mon premier livre, *Bouge ton cerveau !* Marabout, 2016) pour venir en aide aux personnes anxieuses. Mon objectif était de traiter cette anxiété que je voyais partout autour de moi – sur le campus de l'université de New York dans laquelle j'enseigne, dans les lycées où je mène également mes recherches, chez mes amis et collègues tous talentueux et gros travailleurs – et que j'avais observée lors de mes voyages aux quatre coins du monde et qui était le parfait reflet des statistiques. Je pensais – ce qu'avaient confirmé mes études – qu'une activité physique, une alimentation saine et équilibrée et la méditation pouvaient diminuer notre anxiété, voire nous en protéger. Mais ce que je n'avais pas réalisé, c'est que l'anxiété est complexe et que si nous considérons cet état psychique uniquement comme quelque chose à éviter, quelque chose dont nous devons nous débarrasser ou tout au moins atténuer, non seulement nous ne résolvons pas le problème, mais nous passons totalement à côté de son pouvoir énergisant.

En approfondissant le sujet, j'ai découvert un tout autre aspect de l'anxiété. Certes, l'anxiété est désagréable. On n'y peut rien. Dans les cas les plus extrêmes, l'anxiété (pas au sens clinique du terme, mais cette anxiété qui monte en nous quand nous sommes confrontés à une difficulté ou sous l'emprise d'un stress) est purement et simplement destructrice, c'est comme ça. Mais ce que la plupart des individus, y compris les scientifiques, les médecins et autres thérapeutes oublient, c'est que l'anxiété est *essentielle* pour notre survie, à nous, les humains. Autrement dit, l'anxiété est à la fois une bonne et une mauvaise chose.

Cette contradiction a attiré toute mon attention et ce, pour une raison très personnelle. À 39 ans, je me suis trouvée face à ce que l'on a coutume d'appeler la crise de la quarantaine. Je n'étais absolument pas satisfaite de la vie qui était la mienne. J'avais 13 kg en trop. Je travaillais du matin au soir, sept jours sur sept. J'étais frustrée, seule et je ne savais absolument pas comment me sortir de cette impasse. Comme toujours, la scientifique en moi a pris le dessus et je me suis tournée vers ce que je connaissais le mieux. C'est ainsi que j'ai décidé de mener des expériences sur ma propre personne, qui me serviraient de références lorsque je me lancerais dans une étude randomisée contrôlée. J'ai alors découvert que la pratique d'une activité physique, l'alimentation et la méditation étaient non seulement des éléments quantifiables qui favorisaient la perte de poids et avaient un effet bénéfique sur la productivité, la mémoire et la concentration, mais aussi que ces interventions corps/esprit modifient véritablement le cerveau et, plus particulièrement, changent notre relation à l'anxiété.

Réussir à quantifier ces changements au niveau du cerveau a été pour moi une belle victoire. Surtout, j'ai compris qu'après avoir changé mon mode de vie, je me sentais nettement mieux, ce qui était on ne peut plus positif. Si, je dois l'avouer, mon but premier était de perdre du poids et de retrouver la forme, j'étais aussi plus heureuse, plus optimiste et beaucoup moins anxieuse. Je n'avais aucunement anticipé une répercussion aussi bénéfique sur ma santé mentale et mon bien-être en général. Les changements mis en place ont eu des répercussions positives et j'ai atteint un degré de joie, d'engagement et de satisfaction auquel je n'aurais jamais pensé accéder.

Toujours préoccupée par cette question de l'anxiété, j'ai repris les données que j'avais collectées lors de mes précédents travaux afin de déceler comment des affects négatifs pouvaient devenir des affects positifs. Alors que je recoupais ces données avec les résultats de l'analyse pluridisciplinaire que je menais, j'ai découvert que oui, la frustration et le malaise que je ressentais jusqu'alors étaient en fait des manifestations neurobiologiques et psychologiques de mon anxiété. L'anxiété pouvait être définie comme une excitation et une activation du cerveau et du cœur lorsqu'ils sont confrontés à des stimuli négatifs, ou stress. Par essence, le cerveau et le corps sont interconnectés. C'est pourquoi j'utiliserai tout au long de ce livre le terme « cerveau/corps » pour parler de l'ensemble des systèmes du corps humain. Lorsque j'ai commencé à enquêter sur la relation, du point de vue neurobiologique, entre l'anxiété et une vision plus positive, une plus grande confiance en soi et une augmentation tangible de la sensation de bonheur, j'ai découvert que l'activation physiologique (c'est-à-dire l'anxiété) ne disparaissait pas d'un coup, mais qu'elle se transformait pour passer d'un état négatif à un état qui, globalement, est plus positif. L'anxiété avait toujours fait partie de ma vie professionnelle, où la course contre la montre est omniprésente. Mais pour la première fois, j'ai considéré cette anxiété comme une excitation ou une stimulation neuronale pouvant avoir nombre de répercussions sur ma vie. Véritable forme d'énergie, l'activation de l'anxiété aura une répercussion positive ou négative selon la manière dont un individu réagit à un facteur de stress donné ou à une force extérieure. J'ai compris que les sensations positives que j'éprouvais étaient en fait les réponses neurobiologiques à une activité physique, à une alimentation saine et à la méditation que j'avais recherchées lorsque des pensées négatives étaient apparues, déclenchées par des réponses négatives à des facteurs de stress datant de plus longtemps (trop de dates butoirs à respecter, trop de journées passées au travail sans m'octroyer la moindre pause, trop de dîners riches en sucres et en graisses et sans la moindre activité physique pour compenser). C'est mon anxiété qui m'a poussée à mettre en place tous ces changements qui, aujourd'hui, me procurent du bonheur.

Vue sous cet angle, l'anxiété n'est pas mauvaise en soi. La manière dont nous vivons cette activation physiologique dépend de la façon dont nous (ou notre cerveau/corps) interprétons et gérons la rencontre avec un facteur de stress extérieur. Si un facteur de stress extérieur peut générer une anxiété caractérisée par une inquiétude, des troubles du sommeil, un manque de concentration ou de motivation, de la peur, etc., il peut aussi déclencher des réactions positives. Par exemple, certaines personnes sont angoissées lorsqu'elles doivent prendre la parole en public alors que pour d'autres, se tenir devant un auditoire est stimulant, voire excitant. Aucune réaction n'est meilleure qu'une autre, car la manière dont une personne agit dépend en réalité de la manière dont elle arrive à gérer son stress à un instant T en fonction de son vécu. Et si la réponse est fonction de la perception, tout laisse à penser que nous pouvons contrôler ces réponses.

Découvrir que l'anxiété n'était pas immuable, mais pouvait évoluer voire changer m'a littéralement bluffée. Nul n'est immunisé contre l'anxiété qui, inévitablement, fait partie de la vie. C'est lorsque j'ai compris ce qu'est véritablement l'anxiété que j'ai cessé de lutter contre. Au lieu de chercher à tout prix à l'éviter, à l'éradiquer, à l'ignorer ou à la terrasser, j'ai appris à *me servir de l'anxiété pour que ma vie soit meilleure*. Quel soulagement ! Comme tout un chacun, je connaîtrai toujours des moments d'anxiété, mais ce qui a changé, c'est qu'aujourd'hui je sais que faire des pensées négatives qui viennent perturber mon esprit tel un colocataire dont on voudrait se débarrasser. Je sais reconnaître les signaux et agir en conséquence afin de tempérer les choses, de calmer mon corps et d'apaiser mon esprit de manière à pouvoir de nouveau avoir les idées claires et être capable de me concentrer. Et croyez-moi, ma vie a changé du tout au tout sur les plans personnel, professionnel et, cela ne fait aucun doute, émotionnel. Mon travail me donne de la satisfaction et j'y trouve un sens. J'ai enfin réussi à établir un équilibre entre ma vie professionnelle et ma vie privée ce qui, jusqu'alors, m'avait toujours paru impossible. J'arrive à m'amuser et à m'accorder des moments de plaisir, à me détendre suffisamment pour pouvoir réfléchir à des choses qui sont vraiment importantes à mes yeux. J'aimerais tellement qu'il en soit de même pour vous.

Nous avons tendance à penser que l'anxiété est un état psychique négatif car nous l'associons uniquement à des sentiments négatifs et désagréables, qui nous donnent l'impression de ne plus rien contrôler. Or nous pouvons changer notre manière de considérer l'anxiété. Il suffit pour cela d'être plus ouverts, objectifs et d'essayer de comprendre plus précisément les processus neurobiologiques sous-jacents, en prenant en compte les modèles de réponse qui dictent nos pensées, nos sentiments et nos comportements sans même que nous en ayons conscience. Si vous êtes angoissé à l'idée de parler en public, votre cerveau/corps va plus ou moins déclencher toujours la même réponse – à moins que, consciemment, vous ne fassiez en sorte de vous comporter différemment. Or je sais, preuves à l'appui, que nous pouvons agir sur l'anxiété et faire qu'elle soit positive.

Cette interaction dynamique entre le stress et l'anxiété a toujours eu pour moi un sens car elle m'a ramenée au domaine principal de mes recherches en neurosciences, à savoir la neuroplasticité. La plasticité du cerveau ne signifie pas que le cerveau est fait de plastique, mais qu'il peut s'adapter en fonction de l'environnement (de manière salutaire ou préjudiciable). Mes recherches pour mieux comprendre ce que sont la cognition et l'humeur partent du principe que le cerveau est un organe extrêmement adaptatif qui a besoin de stress pour rester en vie. Autrement dit, nous avons besoin de stress. À l'instar d'un voilier qui a besoin du vent pour avancer, le cerveau/corps a besoin d'une force extérieure qui le pousse à évoluer, à s'adapter et à ne pas mourir. Quand il y a trop de vent, le bateau prend de la vitesse, ce qui est dangereux dans la mesure où il peut à tout moment chavirer et sombrer. De même, lorsque le cerveau/corps est soumis à trop de stress, il commence à réagir de manière négative. *A contrario,* un cerveau/corps qui n'est pas suffisamment exposé à un stress se stabilise et « se la coule douce ». D'un point de vue émotionnel, cette stabilisation peut être perçue comme de l'ennui ou un manque d'intérêt. D'un point de vue physique, elle peut s'apparenter à un arrêt de la croissance. Lorsque le cerveau/corps n'a ni trop ni pas assez de stress, mais juste ce qu'il lui faut, il fonctionne de manière optimale. En revanche, quand il n'est soumis à aucun stress, il fait du sur-place, comme un voilier privé de vent.

Dans tous les systèmes du corps, quels qu'ils soient, cette relation au stress est impliquée dans l'homéostasie de l'organisme. Lorsque nous subissons trop de stress, l'anxiété nous pousse à faire des ajustements qui nous permettent de retrouver une harmonisation et un équilibre interne. Lorsque nous avons juste le type ou la quantité de stress qu'il nous faut, nous parvenons à un certain équilibre et accédons à cette sensation de bien-être que nous recherchons en permanence. L'anxiété agit de même sur le cerveau/corps : c'est une indication dynamique qui nous fait savoir où nous nous situons selon que nous sommes ou non exposés à un stress.

Lorsque j'ai commencé à changer mon mode de vie en méditant, en mangeant sainement et en pratiquant régulièrement une activité physique, mon cerveau/corps a procédé à des ajustements et s'est adapté. Les voies neuronales associées à l'anxiété se sont recalibrées et je me suis sentie en pleine forme ! Mon anxiété a-t-elle disparu ? Non. Mais elle s'est manifestée différemment parce que je répondais au stress de manière plus positive.

Et c'est exactement comme ça que l'anxiété que nous essayons d'éviter et dont nous cherchons à nous débarrasser devient à la fois instructive et bénéfique. En me basant sur mon expérience et ce que m'avaient permis de comprendre les neurosciences, j'ai certes compris que je devais agir pour être mieux mentalement – avoir une activité physique, un sommeil de bonne qualité, une alimentation équilibrée et des pratiques sollicitant le cerveau et le corps – mais aussi que je devais prendre du recul par rapport à l'anxiété et apprendre à structurer ma vie afin d'appréhender, voire me féliciter, de ces choses qui sont au cœur de mes états d'anxiété. Car il faut en passer par là pour que l'anxiété nous soit bénéfique. Les recherches que j'ai menées à l'université de New York m'ont permis d'identifier les éléments (notamment les exercices physiques, la méditation, les siestes, les stimuli sociaux) qui non seulement diminuent l'anxiété, mais qui, par ailleurs, stimulent les états émotionnels et cognitifs qui subissent le plus les effets de l'anxiété, à savoir la concentration, l'attention, la dépression et l'animosité.

Vous expliquer, à vous lecteur, comment fonctionne l'anxiété est devenu le sujet – et la promesse – de ce livre. Je veux que vous sachiez quelles sont les répercussions de l'anxiété sur le cerveau et le corps et qu'ensuite vous utilisiez ce savoir pour vous sentir mieux, avoir des pensées plus claires, être plus productif et plus efficace. Au fil des pages, vous découvrirez comment mettre à profit les processus neurobiologiques sous-jacents à l'anxiété, à l'inquiétude et au malaise émotionnel pour mettre en place de nouvelles voies neuronales et de nouvelles manières de penser, de ressentir, de vous comporter, qui vous permettront de changer votre vie.

Grâce à la capacité d'adaptation qui est la nôtre, nous avons le pouvoir de changer et de contrôler nos pensées, nos sentiments, nos comportements et les relations que nous entretenons avec nous-mêmes, mais aussi avec les autres. Lorsque vous adoptez des stratégies qui utilisent à bon escient les réseaux neuronaux de l'anxiété, vous favorisez l'activation de votre cerveau/corps. Au lieu de subir l'anxiété, utilisons-la ! Faisons en sorte que l'anxiété devienne un outil qui stimule fortement notre cerveau et notre corps avec des répercussions aussi bien sur le plan émotionnel que sur les plans cognitif et physique. Utilisons ce que j'appelle les super pouvoirs de l'anxiété pour mieux réfléchir, mieux nous concentrer et faire d'une vie on ne peut plus ordinaire une vie extraordinaire.

L'objectif de ce livre est de reprendre tout ce que nous savons sur la neuroplasticité afin que chacun mette en place la stratégie qui lui convient le mieux pour gérer une situation de stress, considérer l'anxiété comme un signal d'alarme et une occasion d'utiliser au mieux cette énergie.

Dans la mesure où l'anxiété ne se manifeste pas exactement de la même manière chez les uns et les autres, la plasticité cérébrale positive n'aura pas le même effet positif chez tout le monde. Lorsque vous aurez compris comment vous réagissez, comment vous gérez un désagrément et comment vous arrivez en général à surmonter un stress pour atteindre un équilibre homéostatique, vous saurez quels sont les super pouvoirs de l'anxiété qui vous sont propres. L'anxiété peut être une bonne ou une mauvaise chose, cela dépend entièrement de vous !

PREMIÈRE PARTIE

L'ANXIÉTÉ : CE QUE NOUS APPREND LA SCIENCE

1

QU'EST-CE QUE L'ANXIÉTÉ ?

Le stress que l'on subit au quotidien nous coupe souvent le souffle – au sens propre comme au sens figuré –, un peu comme si la vie était une montagne que nous étions contraints d'escalader jour après jour. Nous passons souvent des nuits blanches et, au cours de la journée, nous avons du mal à nous concentrer et à ne plus penser à toutes ces choses qui ne vont pas. Écrasés sous le poids de nos responsabilités, nous sommes en proie à l'inquiétude, à l'incertitude et au doute. Nous sommes dans un état de surexcitation permanente due à la peur de louper quelque chose sur Instagram, Twitter ou Facebook, voire effrayés à la lecture des bulletins d'informations en ligne. Pour nombre d'entre nous, l'anxiété semble être la seule réaction appropriée au monde qui est le nôtre.

Quel que soit le nom qu'on lui donne, l'anxiété est la réponse psychologique et physique à un stress. Or le corps ne fait aucune différence entre un stress généré par des facteurs qui existent réellement et un stress dû à des situations imaginaires ou hypothétiques. Comprendre le processus neurobiologique qui déclenche l'anxiété et les répercussions dans notre cerveau et dans notre corps nous permet de décortiquer nos sentiments afin d'être en mesure de les gérer, mais aussi d'utiliser à bon escient cette énergie qu'est l'anxiété. Car, l'anxiété est effectivement une forme d'énergie, une réaction chimique face à un événement ou une situation. Or si nous n'avons pas les ressources nécessaires sur lesquelles nous appuyer, si nous manquons d'expérience ou si l'anxiété s'empare de nous à un moment où nous ne sommes pas prêts, cette réaction chimique peut échapper à notre contrôle alors qu'elle pourrait parfaitement être maîtrisée et utilisée à de bonnes fins.

L'anxiété, un outil pour détecter une menace

Imaginons la situation suivante et remontons le temps. Vous êtes une femme à l'ère du pléistocène. Vous vivez dans une tribu de chasseurs-cueilleurs. Vous avez pour mission d'aller chercher de quoi manger près du lit d'une rivière aux eaux profondes à quelque cinq cents mètres de votre campement. Votre bébé âgé de 12 mois est attaché sur votre dos. Vous descendez vers la rive pour chercher des arbustes dont les fruits sont comestibles. Soudain, vous entendez un bruissement. Vous vous arrêtez net et ne faites plus le moindre mouvement. Sans faire de bruit pour ne pas réveiller votre bébé, vous vous accroupissez pour échapper à la vue d'un éventuel prédateur. Vous tendez l'oreille afin d'identifier d'où vient le bruit. Votre cœur bat de plus en plus vite, vous sentez en vous une montée d'adrénaline, votre respiration devient irrégulière et s'accélère alors que les muscles de vos jambes se contractent. Vous êtes prête à partir en courant… ou à faire face à votre assaillant et à vous défendre.

Vous êtes prête à répondre à une menace ; un processus automatique qui se met en route lorsque l'on est exposé à un danger. Si vous vous redressez et apercevez un fauve énorme qui rôde dans les parages, l'angoisse va monter en vous, ce qui est parfaitement légitime. En fonction de la quantité d'adrénaline libérée dans votre corps et de vos chances de survie, soit vous serez paralysée par la peur, soit vous fuirez, soit vous affronterez l'animal. Si, par contre, vous découvrez que le bruit vient d'un oiseau qui vole à basse altitude, votre cœur ralentira progressivement pour retrouver un rythme normal. La sécrétion et la libération d'adrénaline diminueront et la peur aura tôt fait de disparaître. Votre cerveau/corps repassera sur un mode normal.

Ce que je viens de décrire est le premier niveau de l'anxiété : un processus automatique face à une menace. La partie la plus archaïque de notre cerveau se met en marche rapidement et de manière automatique, sans même que nous en soyons conscients. Il y va de notre survie. Le cerveau envoie des signaux au corps, qui réagit. Notre cœur bat de plus en plus vite, nos paumes deviennent moites, le taux d'adrénaline et de cortisol augmente, notre système digestif et notre système reproducteur se mettent en veille afin que nous ayons toute l'énergie nécessaire pour prendre rapidement la fuite ou suffisamment de force pour nous protéger et protéger notre progéniture.

Imaginons maintenant un autre scénario. Cette fois, nous sommes en 2020. Vous êtes une femme et vous vivez dans une ville de banlieue. Vous habitez seule dans un studio qui donne sur une ruelle. C'est le soir, vous décidez de vous faire un thé, que vous dégusterez en regardant un nouvel épisode de votre série préférée. Vous branchez la bouilloire électrique et vous allez chercher des biscuits dans un placard. C'est alors que vous entendez un craquement épouvantable provenant de la porte d'entrée. Votre cœur se met à battre la chamade. Sans oser faire le moindre mouvement, vous fixez la porte, la peur au ventre. Est-ce que quelqu'un essaie d'entrer chez vous? Est-ce qu'il/elle va vous faire du mal? Dans un premier temps, vous avez trop peur pour bouger, puis vous décidez de regarder par la fenêtre de la cuisine et vous apercevez un raton laveur. Vous vous souvenez alors que, la semaine passée, vous avez été obligée de ramasser des détritus dans l'allée qui mène à votre logement. Vous retournez à votre thé et à votre émission de télévision sans pour autant arriver à vous calmer. Vous êtes angoissée et vous commencez à vous poser une multitude de questions: le voisinage est-il sûr? Devriez-vous prendre un(e) colocataire, déménager et aller vous installer dans un autre quartier, de préférence dans un immeuble afin de ne pas être en rez-de-chaussée? Vous éteignez la télévision car vous n'arrivez pas à vous concentrer et vous décidez de prendre un somnifère vendu sans ordonnance afin de vous assommer. Vous n'aspirez qu'à une chose: dormir et ne plus être assaillie par toutes ces horribles pensées.

Si ces scénarii sont hypothétiques et se déroulent à des millions d'années l'un de l'autre, tous deux font naître une anxiété qui n'a pas dans les deux cas les mêmes répercussions.

Regardons, dans un premier temps, ce que ces deux situations ont en commun. Avant même que vous n'en preniez conscience, le cerveau détecte la présence d'une menace ou d'un danger éventuel et envoie un signal au corps afin qu'il se tienne prêt à passer à l'action. La réponse induite est en partie physiologique avec notamment une accélération du rythme cardiaque, une hausse brutale du taux d'adrénaline et une respiration irrégulière – soit autant de changements qui vous préparent pour que vous puissiez rapidement vous mettre en mouvement pour fuir ou pour vous défendre. La réponse est également en partie émotionnelle, du fait d'une sécrétion de cortisol et le sentiment de peur immédiat ressenti dans un cas comme dans l'autre. Cette réponse « combattre, fuir ou se figer » se met en place en quelques millisecondes dès que le cerveau essaie d'identifier si un stimulus est effectivement une menace et si vous devez fuir le plus vite possible, combattre la menace potentielle ou vous immobiliser et faire le mort. Cette réponse est contrôlée par une partie bien spécifique du système nerveux central : le système nerveux sympathique. Avec ces principales voies de communication situées majoritairement à l'extérieur de l'épine dorsale, cette partie du système nerveux central fonctionne de manière automatique sans contrôle conscient. S'ensuivent des réactions en cascade, dont une accélération du rythme cardiaque, une dilatation des pupilles pour mieux discerner d'où vient la menace, un estomac barbouillé (dû au fait que le sang n'irrigue plus le système digestif, mais est dirigé vers les muscles afin que nous puissions entrer rapidement en action) et l'activation des muscles afin que nous ayons la force nécessaire pour courir et prendre la fuite ou nous battre. L'activation de ces différents systèmes est essentielle dans les situations dangereuses. Les réponses physiologiques et le sentiment de peur doivent, en effet, être automatiques afin que notre attention soit dirigée vers la menace d'un danger immédiat.

C'est en ce sens que l'anxiété est une réponse directement liée à une menace que notre cerveau/corps utilise pour nous protéger, la sensation de peur renforçant quant à elle les changements physiologiques.

Dans le premier scénario, le cerveau/corps de la femme se réinitialise dès qu'elle sait qu'elle ne court pas un danger immédiat. Dans le second, la réaction de la femme se poursuit bien qu'elle ait vu le raton laveur. Son cerveau/corps est envahi par la peur et elle a le sentiment de ne plus être en mesure de contrôler la situation. Le professeur Joseph LeDoux, éminent neuroscientifique qui, comme moi, travaille à l'université de New York, explique que « les émotions liées à la peur surgissent lorsqu'une menace est présente et imminente tandis que les émotions liées à l'anxiété apparaissent quant à elles lorsqu'une menace est possible, mais se produira ou non[1] ». Le professeur LeDoux fait la différence entre la peur (éprouvée lorsqu'une menace est réelle) et un danger hypothétique ou imaginaire (ce qui, émotionnellement parlant, est l'anxiété). La femme à l'ère du pléistocène a véritablement éprouvé de la peur, comme le montrent les changements physiologiques. La femme dans le studio a ressenti de l'anxiété, une expérience émotionnelle qui a duré alors qu'elle avait identifié ce qu'elle pensait être une menace et qu'elle a eu du mal à calmer.

Les premières études menées sur l'anxiété se sont polarisées sur cette réponse non consciente liée à la peur en tant que mécanisme évolutif d'adaptation qui est, par essence, naturel et utile. C'est la manière dont notre cerveau nous signale que nous devons porter toute notre attention sur un danger potentiel, un processus induit par notre instinct de survie. Mais alors que les hommes évoluaient et que le monde devenait de plus en plus compliqué, structuré et axé sur les relations sociales, notre cerveau s'est vu totalement submergé par des exigences de plus en plus fortes tant sur les plans social et intellectuel que d'un point de vue émotionnel, d'où la sensation que l'anxiété échappe à tout contrôle. Ce mécanisme est profondément enraciné dans notre cerveau primaire qui n'est pas apte à évaluer les différents degrés de menace. Si le cortex préfrontal – la partie dite supérieure (impliquée dans les fonctions exécutives) du cerveau, qui joue un rôle majeur dans la prise de décision – contribue à prendre le dessus sur les réactions induites automatiquement par la peur grâce à l'intelligence, le cerveau primaire – notamment les zones concernées par les réactions automatiques face à une menace – fonctionne de la même manière depuis des millions d'années, ce qui explique pourquoi la femme du pléistocène qui était dans la savane et la femme du XXIe siècle ont, dans un premier temps, réagi de la même manière lorsqu'elles ont entendu du bruit. Mais c'est seulement chez la femme la plus évoluée que l'anxiété a perduré. En effet, alors même qu'elle avait identifié l'origine du bruit, une multitude de questions lui sont venues à l'esprit et ont semé l'inquiétude. La femme du pléistocène a continué son bonhomme de chemin dès qu'elle a su qu'il n'y avait aucune raison d'avoir peur. La femme vivant dans son studio est restée sous l'emprise de l'anxiété.

Des chercheurs, dont Robert Sapolsky[2], neuroscientifique et primatologue, ont fait d'étonnantes découvertes qui ont remis en cause les croyances d'antan. Notre cerveau n'a pas changé autant que cela, même si l'environnement social dans lequel nous vivons est très différent et beaucoup plus complexe que l'environnement dans lequel vivaient nos ancêtres. Les réactions émotionnelles qui se déclenchent automatiquement dès que l'on se sent menacé sont toujours lancées dans le cerveau le plus primaire (ou système limbique, qui comprend l'amygdale, l'insula et le striatum ventral), mais notre cerveau ne fait pas automatiquement le distinguo entre une menace réelle et une menace hypothétique, ce qui explique pourquoi nous sommes si souvent en proie à l'anxiété.

Robert Sapolsky a démontré que c'est à cause de ce manque de discernement que nous – en tant qu'individus, mais aussi en tant que société – sommes si souvent victimes d'un stress chronique. Nous sommes incapables, d'une part, de filtrer les menaces potentielles dans notre environnement et d'autre part, de faire cesser les réponses émotionnelles, mentales et physiologiques face à ces menaces, bien qu'elles soient imaginaires. Or ces réponses qui échappent à notre contrôle ont des répercussions négatives sur notre santé et sont à l'origine de ce qui peut devenir une boucle de feed-back (ou boucle de rétroaction) négative quasi permanente : l'essence même de l'anxiété du quotidien.

Sapolsky et d'autres chercheurs ont montré que les mécanismes déclenchés par le cerveau/corps font partie d'une activation chronique de la réponse à une menace, mais ne sont pas dus à des dangers réels, comme des lions dans la savane. Notre stress est en effet exacerbé par le fait de vivre dans des villes bruyantes ; d'être pauvre ou malade ; d'être maltraité émotionnellement parlant ou traumatisé. Le cerveau/corps ne fait pas automatiquement la différence entre les menaces potentielles, graves ou insignifiantes, apparemment sans conséquences ou traumatisantes, et une stimulation excessive. C'est pourquoi le corps met en marche un protocole d'évaluation du risque encouru, même si l'élément déclencheur est un camion de pompiers qui passe dans la rue. Dans une étude particulièrement démoralisante, Jack Shonkoff[3] et son équipe du Centre du développement de l'enfant de l'université de Harvard ont montré qu'être exposé dès son plus jeune âge et de manière continue à un stress intense a des répercussions négatives quasi permanentes sur le cerveau, avec des conséquences sur le QI et les capacités d'exécution. Font partie des facteurs de stress la peur de manquer de nourriture et l'exposition directe ou indirecte à une maltraitance physique ou émotionnelle.

En effet, la manière dont nous réagissons face à des menaces imaginaires donne souvent lieu à ce que j'appelle l'anxiété négative – ressentir de l'inquiétude chronique, des troubles de l'attention, un mal-être physique ou psychique, voir les choses en noir, anticiper les réactions d'autrui, sentir que la vie échappe à notre contrôle. Ce sont tous ces « et si » qui nous viennent à l'esprit la nuit lorsque nous n'arrivons pas à trouver le sommeil ou qui sont générés par un problème de santé ou un événement traumatisant auquel on ne s'attendait pas. Lorsque nous sommes pris dans cet engrenage, nous ne pouvons échapper à la réponse du cerveau/corps, totalement inadaptée à la situation.

Les circuits cérébraux simplifiés de la peur, du stress et de l'anxiété

Même si les chercheurs essaient toujours de comprendre comment fonctionnent les différentes zones du cerveau et les circuits interconnectés impliqués dans la manière dont nous réagissons face à une menace, ou plus précisément à un stress, tous s'accordent à dire que les zones du cerveau présentées sur la figure ci-contre sont fortement impliquées. Les stimuli identifiés comme des menaces sont rapidement détectés par l'amygdale, petite structure en forme d'amande située dans la région antéro-interne du lobe temporal. L'amygdale est en quelque sorte la directrice du cerveau primaire, le cortex préfrontal (CPF) est quant à lui le directeur du cerveau supérieur. Lorsque l'amygdale réagit de manière automatique à un stimulus menaçant (réel ou imaginaire), elle active plusieurs zones du cerveau, y compris l'hypothalamus qui contrôle le système nerveux sympathique afin que nous puissions réagir à ce stimulus menaçant ou source d'anxiété. Le système nerveux sympathique, via l'hypothalamus et l'hypophyse, stimule ensuite la libération de cortisol (hormone sécrétée par les glandes surrénales), accélère le rythme cardiaque et la respiration, libère du glucose (énergie) et prépare le corps à entrer en action. (Le système nerveux sympathique est la partie du système nerveux autonome qui prépare le corps à entrer en action dans une situation «fuir ou combattre» contrôlée par l'hypothalamus.) Face au stress que nous subissons aujourd'hui, le processus est le même, la différence étant

CIRCUITS DE LA PEUR ET DES ÉMOTIONS AU NIVEAU DU CERVEAU/CORPS

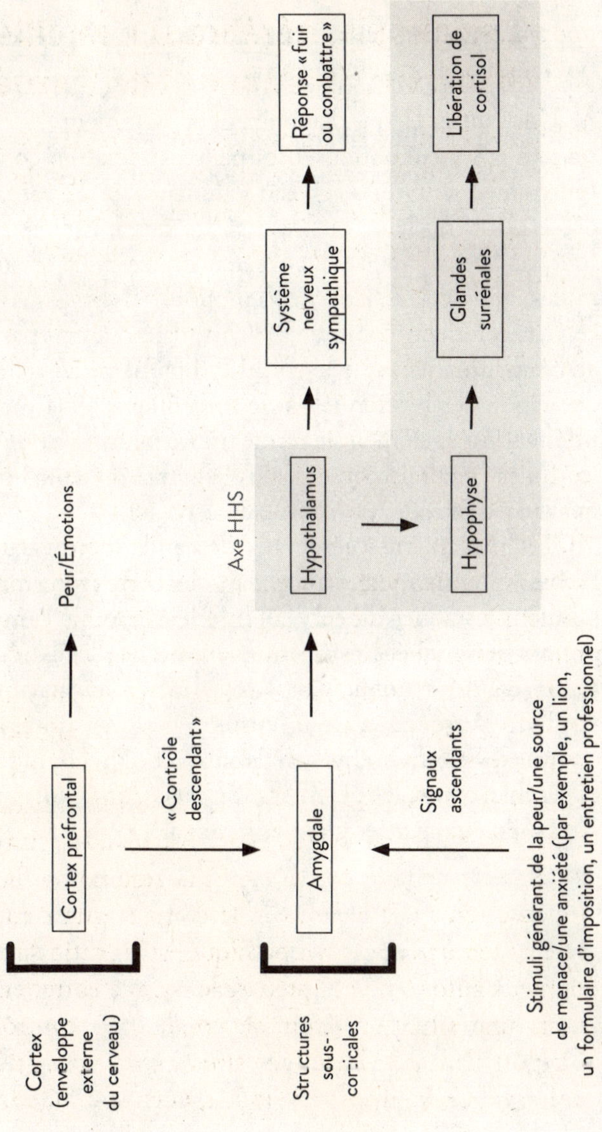

une sécrétion et une libération continues de cortisol, typique d'une anxiété négative.

Une autre façon d'appréhender comment le cerveau traite à la fois l'émotion et les pensées prend en compte le fonctionnement du « cerveau inférieur » et le mécanisme descendant (du haut vers le bas). Le mécanisme ascendant (du bas vers le haut) fait référence aux signaux automatiques qui déclenchent des émotions. Il est émis par le cerveau inférieur (comprenez, l'amygdale et autres parties du système limbique) vers le cortex qui participe au traitement des réponses émotionnelles de forte intensité. (Le cerveau inférieur est également le terme utilisé pour parler de toutes les zones cérébrales situées sous le cortex ou zone « subcorticales » ou l'enveloppe externe du cerveau.)

Les mécanismes cérébraux descendants (du haut vers le bas) prennent naissance dans le cortex préfrontal et régulent les zones du cerveau inférieur comme l'amygdale où sont déclenchées les réactions émotionnelles extrêmes en réponse à des stimuli. C'est l'axe HHS (hypothalamo-hypophyso-surrénalien) qui ensuite gère les interactions complexes entre l'hypothalamus et l'hypophyse qui, ensemble, contrôlent la libération du cortisol, hormone du stress sécrétée par les glandes surrénales.

Anxiété du quotidien *vs* troubles cliniques

Pour mieux comprendre ce qu'est l'anxiété, voyons-la comme un continuum avec à une extrémité des troubles cliniques, l'anxiété du quotidien correspondant à la plus grande partie du spectre.

Si cet ouvrage porte sur l'anxiété du quotidien, il est important de noter que le nombre de personnes chez lesquelles ont été diagnostiqués des troubles de l'anxiété cliniques est considérable. Aujourd'hui, 28 % de la population américaine, soit plus de 90 millions d'individus, souffriront à un moment ou à un autre de leur vie de troubles liés à l'anxiété sous telle ou telle forme. En France, selon l'Inserm, 21 % des 18-65 ans présenteront un trouble anxieux à un moment ou à un autre de leur vie.

Les psychologues et les psychiatres classent les troubles de l'anxiété dans six grandes catégories en fonction de la manière dont les symptômes apparaissent et se manifestent :

1. Le trouble anxieux généralisé (TAG) englobe les symptômes les plus communs, laissant supposer que nombre d'éléments de la vie du quotidien y compris la famille, les relations avec autrui, la santé, la profession ou les conditions de travail et l'argent sont sources d'inquiétude. Les personnes souffrant d'un TAG ont du mal à réprimer leurs inquiétudes et se font une idée fausse de la réalité et de ce qui pour eux est une menace. L'Association américaine de l'anxiété et de la dépression, ou ADAA pour Anxiety and Depression Association of America[4], a dressé la liste des symptômes du TAG :

- une sensation constante de peur ou d'un danger imminent ;
- une respiration haletante ;
- des troubles du sommeil ;
- des difficultés à se concentrer ou à rester attentif ;
- des troubles gastro-intestinaux persistants.

2. Le trouble d'anxiété sociale est un autre trouble de l'anxiété plus communément appelé phobie sociale. Les individus souffrant de ce trouble éprouvent de la peur dans des situations sociales, ils craignent le regard des autres et redoutent de ne pas pouvoir être acceptés, voire d'être rejetés par un groupe social. Dans les cas les plus sévères, la phobie sociale peut se traduire par une crise d'angoisse (voir ci-dessous). Selon l'ADAA, nombre de sujets souffrant du trouble d'anxiété sociale présentent des symptômes physiques :

- rythme cardiaque élevé ;
- nausées ;
- suées.

3. Certaines personnes très anxieuses peuvent avoir des **crises d'angoisse** caractérisées par une peur panique. Selon l'ADAA, une crise d'angoisse s'accompagne de :

- suées ;
- tremblements et agitation ;
- respiration haletante ou sensation d'étouffement ;
- impression de suffocation ;
- douleur ou gêne dans la poitrine ;
- nausées ou douleur abdominale ;

- sensation de vertiges, d'instabilité, étourdissement ou évanouissement;
- frissons ou sensation de chaud;
- paresthésie (engourdissement ou picotement);
- perte de la notion de la réalité (sentiment d'irréalité) ou perte de la personnalité (ne plus être en connexion avec soi-même).

4. Le trouble obsessionnel compulsif (TOC) est une forme d'anxiété caractérisée par des comportements compulsifs ou des modèles de pensée répétés. Dans un premier temps, certains comportements peuvent être utilisés comme des stratégies pour diminuer l'anxiété jusqu'à ce qu'ils deviennent problématiques et augmentent l'anxiété au lieu de la diminuer. Selon l'ADAA, les personnes souffrant de TOC peuvent avoir une peur bleue d'être contaminées et sont obsédées par la propreté et le besoin que tout soit symétrique. Parmi les compulsions les plus fréquemment observées: le besoin de tout vérifier, revérifier et re-revérifier, nettoyer/laver et ranger/organiser.

5. Les troubles du stress post-traumatique (TSPT) sont des troubles psychiques également très répandus chez les sujets « ayant vécu ou été témoins d'une catastrophe naturelle, d'un accident grave, d'un acte terroriste, de la disparition soudaine d'un être cher, d'une guerre, d'un acte de violence, par exemple un viol, ou toute autre situation mettant la vie en danger ». Pour l'ADAA, environ 8 millions d'individus (soit environ 7 à 8 % de la population) vivant sur le territoire nord-américain souffrent de troubles du stress post-traumatique caractérisés par trois types principaux de symptômes :

- reviviscence répétitive d'un traumatisme sous la forme de flash-back et des cauchemars ;
- torpeur émotionnelle ;
- évitement des lieux, des personnes et des activités qui rappellent le traumatisme ;
- hyperactivité avec des troubles du sommeil, difficulté pour se concentrer et rester attentif, instabilité nerveuse, irritabilité et colère.

6. D'autres formes de troubles de l'anxiété sont caractérisées par des **phobies spécifiques,** l'anxiété étant liée à une peur intense ou irrationnelle. Parmi les phobies les plus courantes, la peur de prendre l'avion, la peur des insectes et autres petites bestioles, la peur de se trouver dans un espace fermé, par exemple un ascenseur, sur un pont ou en hauteur. Les phobies sont parfois si fortes que la personne n'hésite pas à faire des détours pour aller d'un endroit à un autre, voire se prive de faire certaines choses au cours de la journée.

Il est important de garder à l'esprit que tous ces troubles existent sur un continuum et varient en intensité et en durée en fonction… du degré ou du type de stress. Un grand nombre de troubles cliniques graves nécessitent un traitement psychopharmacologique qui agit sur le système nerveux et diminue l'anxiété. Ci-contre, un récapitulatif proposé par l'ADAA (tableau repris par LeDoux dans son livre intitulé *Anxiety*).

QUEL TROUBLE ENTRE DANS QUELLE CATÉGORIE ?

Anxiété du quotidien	Trouble de l'anxiété
Inquiétude générée par les factures à payer, un travail à décrocher, une rupture amoureuse ou tout autre événement de la vie.	Inquiétude permanente et sans fondement qui génère une détresse et interfère avec la vie de tous les jours.
Embarras ou gêne pouvant rendre difficile, voire délicate une situation sociale. Nerfs à vif ou suées avant un examen important, une présentation dans le cadre professionnel, une représentation devant un public ou tout autre événement important.	Éviction des situations sociales par peur d'être jugé(e), de se sentir embarrassé(e) ou d'être humilié(e). Crise d'angoisse incontrôlable et peur d'en faire une autre.
Peur réelle d'un objet, d'un lieu ou d'une situation présentant un danger.	Peur irrationnelle qui pousse à éviter un objet, un lieu ou à fuir une situation qui en réalité ne présente qu'un faible danger, voire aucun.

Anxiété du quotidien	Trouble de l'anxiété
Anxiété, tristesse ou troubles du sommeil immédiatement après un événement traumatisant.	Cauchemars récurrents, flash-back, ou torpeur émotionnelle liés à un événement traumatisant qui s'est passé il y a plusieurs mois, voire plusieurs années.

Beaucoup de signes liés à l'anxiété du quotidien sont courants et ne sont *a priori* pas graves, contrairement aux troubles cliniques plus sérieux et plus handicapants. Il est important de garder à l'esprit que la biologique sous-jacente à l'anxiété est généralement la même, seule son expression varie. L'anxiété est versatile et s'adapte comme toute autre émotion liée à une activité cérébrale. Heureusement, nous avons le pouvoir de contrôler notre anxiété, notamment celle du quotidien. En effet, ce que nous a appris hier la neurobiologie peut être remis à jour. Nous pouvons consciemment utiliser et appliquer les principes de la neuroplasticité et apprendre à maîtriser les facteurs de stress présents dans notre environnement afin que ce ne soit plus l'anxiété qui l'emporte sur nous, mais l'inverse.

Ce qui ne saute pas aux yeux

Même si, vous l'avez compris, l'anxiété se manifeste de différentes manières selon les circonstances, nombre de points communs méritent d'être soulignés. Dans un premier temps, voyons ce qui se passe réellement au niveau du cerveau/corps lorsque l'anxiété est vécue comme quelque chose qui échappe totalement à notre contrôle. L'anxiété, lorsqu'elle se met en travers de notre route, est perçue comme quelque chose de désagréable. Nous sommes à cran, excités et parfois hypervigilants. Une quantité trop importante de cortisol circule dans notre cerveau/corps et nous n'arrivons pas à en contrôler les effets. Soit les taux de dopamine et de sérotonine qui font que nous sommes stables et avons le contrôle sont faibles ; soit ces deux neurotransmetteurs n'arrivent pas à communiquer entre eux comme il faut. Résultat, nous avons du mal à rester concentrés sur une tâche, ce qui explique que nous remettons les choses au lendemain ou que nous avons des difficultés à mener un projet à terme. Nous sommes pessimistes, voire désespérés. Ce déséquilibre émotionnel perturbe le cycle du sommeil, nos habitudes alimentaires et notre santé en général. Pour fuir ces pensées et ces sensations qui nous déroutent, nous commençons à boire de plus en plus et de plus en plus souvent, à consommer de la drogue ou à manger plus que de raison, ce qui nous procure une sensation de bien-être momentanée, mais, finalement, nous rend léthargiques ou malades. Plus l'état d'anxiété perdure, moins nous avons envie de voir nos amis. Nous nous retirons et nous isolons peu à peu jusqu'à ne plus fréquenter qui que ce soit. Nous sommes tellement assaillis d'inquiétudes que nous n'avons même pas le réflexe de demander de l'aide.

Il est probable que cette description, qui est, je vous l'accorde, plutôt sinistre, parle à certains d'entre vous dans la mesure où nombreux sont ceux qui, aujourd'hui, cherchent à contrôler cette anxiété du quotidien. Mais qu'en est-il dans les faits ? L'anxiété déclenchée par la réponse à un stress est une sonnette d'alarme pour vous avertir que quelque chose ne tourne pas rond – par exemple un nouveau travail ou un déménagement. Vous ne pensez qu'aux répercussions de ce changement sur vous, mais aussi sur ceux que vous aimez et vous vous demandez comment vous allez pouvoir gérer la situation. Organiser vos pensées afin d'identifier ce que vous pourrez contrôler vous oblige à puiser dans la sérotonine, la dopamine et le cortisol dont vous avez besoin pour rester concentré et avancer. C'est ce qui vous permet de contrôler vos émotions et d'avoir un objectif. Vous demandez leur avis aux personnes en qui vous avez confiance. Vous évaluez vos progrès. Vous acceptez les erreurs que vous avez commises qui ont contribué au changement et vous en tirez toutes les leçons qui s'imposent. Vous restez ouvert à toute idée nouvelle. Vous veillez à prendre soin de vous, à bien vous alimenter et à pratiquer régulièrement une activité physique afin de retrouver un sommeil de qualité et permettre à votre cerveau/corps de recharger ses batteries la nuit. Vous décidez de ne plus consommer de boissons alcoolisées car vous comprenez que l'alcool a sur vous les mêmes effets qu'un dépresseur. Progressivement, vous avancez et commencez à vous sentir moins stressé et mieux dans votre tête.

Si, dans un premier temps, l'anxiété, dans une situation comme dans l'autre, se manifeste de la même manière, le processus de défense face à une menace prend deux voies différentes.

Au fil des pages, vous découvrirez comment réagir différemment à un stress afin de ne pas être victime d'un enchaînement de réactions négatives. Vous apprendrez à calmer et à détendre votre corps, mais aussi à apaiser votre esprit. Vous comprendrez comment rediriger vos pensées et réévaluer une situation afin de prendre les bonnes décisions. Vous apprendrez à contrôler la manière dont vous réagissez face à un stress et à supporter les affects qui vous perturbent.

2

TIRER PARTI DU POUVOIR DE LA PLASTICITÉ CÉRÉBRALE

Pendant plus de vingt ans, mes recherches en neurosciences ont essentiellement porté sur la manière dont le cerveau se façonne en réponse à des stimuli (comprenez, des facteurs de stress) dans son environnement. Nous savons que le cerveau a évolué. Il a grossi, rétréci et s'est adapté. Il a évolué afin de travailler de manière plus efficace. En effet, le cerveau est piloté au niveau cellulaire pour conduire sur une route sinueuse dans la nuit noire, reconnaître une espèce particulière de faucon, apprendre par cœur un nouveau morceau de musique ou sculpter une forme que personne n'a encore vue. Tous sont des exemples de plasticité cérébrale en action.

Aujourd'hui, nous savons précisément comment fonctionnent les mécanismes physique/anatomique, cellulaire et moléculaire que le cerveau adulte utilise jour après jour, minute après minute pour se modifier, apprendre et s'adapter à l'environnement. Or, il n'y a pas si longtemps, dans les années 1960 pour être précis, l'idée la plus répandue était que le cerveau adulte ne pouvait pas se métamorphoser – que le système nerveux se développait durant l'enfance pour atteindre un niveau donné à l'adolescence, mais qu'à l'âge adulte, tout était figé.

Au début des années 1960, la professeure Marian Diamond[5], pionnière dans le domaine des neurosciences, et ses collègues de l'université de Californie à Berkeley avaient toutefois une vision totalement différente. Pour eux, le cerveau des mammifères adultes était capable de se métamorphoser. Restait à le prouver. Pour ce faire, ils décidèrent de regrouper des rats adultes dans ce que j'appelle le « Disney World » des rongeurs, mais que les chercheurs nommèrent environnement « enrichi », à savoir de gigantesques cages abritant de nombreux congénères, équipées de jouets qui étaient régulièrement changés. L'équipe compara les rats qui vivaient dans cet environnement enrichi à d'autres rats élevés dans un environnement « appauvri », à savoir des cages beaucoup plus petites, dépourvues de jouets et n'accueillant qu'un ou deux congénères. Les rats vécurent dans leur environnement respectif durant plusieurs mois. Les chercheurs observèrent ensuite l'anatomie du cerveau des rats avec l'espoir d'identifier d'éventuelles différences. Si, conformément aux hypothèses avancées par la quasi-totalité de la communauté scientifique de l'époque, les chercheurs n'avaient trouvé aucune différence, cela aurait prouvé que le cerveau adulte des mammifères était bien immuable et statique. Or ce qu'ils découvrirent remit en question tout ce que l'on croyait savoir sur le cerveau. En effet, le cerveau des rats qui vivaient à « Disney World » était sensiblement plus gros, avec différentes zones (entre autres le cortex visuel et le cortex moteur) beaucoup plus développées. Pour la première fois, il était scientifiquement prouvé que le cerveau adulte avait la capacité de se modifier, processus que l'on appelle aujourd'hui plasticité d'un cerveau adulte. Marian Diamond alla plus loin et prouva que c'est l'environnement et les expériences vécues qui déterminent la manière dont le cerveau se transforme.

Mais le plus important sans doute, c'est que la plasticité du cerveau, qui se traduit par une évolution positive du cerveau, peut aussi favoriser une régression. Les changements positifs (preuves de la plasticité inhérente du cerveau) observés chez les rats évoluant à « Disney World » étaient perceptibles sur la taille même du cerveau (des études montreront une augmentation du taux des neurotransmetteurs et des facteurs de croissance et une plus forte densité des vaisseaux sanguins). *A contrario*, des environnements ou des expériences peuvent se traduire par des changements négatifs au niveau du cerveau adulte. Par exemple, lorsque votre cerveau/corps n'est pas stimulé par l'environnement ou lorsqu'il est exposé à un environnement où règne la violence, certaines zones (notamment l'hippocampe et le cortex préfrontal, sur lesquels je reviendrai plus en détail dans la deuxième partie) rétrécissent littéralement avec, parallèlement, une diminution du taux de certains neurotransmetteurs (dopamine et sérotonine) qui jouent un rôle crucial dans la régulation des émotions et l'attention. Le cerveau des enfants éduqués dans un environnement appauvri montre une diminution du nombre de synapses (connexions entre les cellules cérébrales qui permettent le passage d'un signal) avec une pensée (cognition) moins efficace et moins flexible, deux qualités associées à l'intelligence.

Cette extraordinaire capacité qu'a le cerveau à apprendre, grossir et se modifier a été démontrée à travers plusieurs milliers d'expérimentations réalisées entre la découverte de Marian Diamond et de ses collègues et aujourd'hui. Comprendre que le cerveau humain est malléable, flexible et fait pour s'adapter est capital dès lors que nous avons la conviction que nous pouvons apprendre à contrôler notre anxiété, voire à la considérer d'un bon œil. En effet, de cette étonnante capacité qu'est la plasticité cérébrale positive dépend notre capacité à apprendre et à modifier nos comportements – y compris la manière dont nous appréhendons l'anxiété.

La neuroplasticité est ce qui nous permet d'apprendre à nous apaiser, à réévaluer une situation, à restructurer nos pensées et à façonner nos sentiments et à prendre des décisions plus positives.

Considérez ceci :

- La colère peut être un obstacle en termes d'attention et peut nous empêcher d'agir.
  Ou elle peut nous donner de l'énergie et nous motiver ; aiguiser notre attention ; nous rappeler ce qui est important (nos priorités).
- La peur peut avoir des répercussions négatives sur l'humeur et raviver des souvenirs malheureux (échecs) ; détourner notre attention et nous empêcher de nous concentrer ; nous rendre moins performants (la pression nous anéantit).
  Ou elle nous invite à la prudence lors d'une prise de décision ; à approfondir une réflexion ; à créer des occasions pour changer de voie.
- La tristesse peut anéantir toute émotion, nous démotiver ou inhiber toute relation sociale.
  Ou elle peut nous aider à prendre conscience de ce qui est important dans la vie ; à redéfinir nos priorités ; à nous aider à trouver la motivation nécessaire pour changer notre environnement, une situation ou un comportement.
- L'inquiétude peut nous pousser à remettre les choses au lendemain ; nous empêcher d'atteindre un objectif.
  Ou elle peut nous inciter à peaufiner un projet ; à revoir ce que nous attendons de nous-mêmes ; à être plus réalistes et à nous concentrer sur un objectif.

- La frustration peut nous empêcher de progresser; être un obstacle, un frein, voire anéantir notre motivation.
  Ou elle peut nous booster et nous pousser à faire plus et mieux.

Ces comparaisons qui peuvent vous sembler simplistes mettent toutefois en évidence différentes options qui produisent des résultats tangibles. Autrement dit, nous avons le choix.

L'anxiété est habituellement vécue comme un état caractérisé par des émotions négatives. Vous vous souvenez de la liste? «À cran», «pessimiste», «sur la défensive», «terrorisé(e)», autant d'états émotionnels qui font que l'on se sent mal. Or il s'avère que nous ne sommes pas obligés de subir ces émotions qui ne sont pas toutes négatives et qui, en fait, nous livrent d'importantes informations sur notre état d'esprit et notre corps. Ce qui déclenche une anxiété met en exergue ce qui compte pour nous. Transformer ces émotions négatives en émotions positives demande-t-il des efforts? Oui. Mais cela désigne aussi ce qui est important et compte à nos yeux. Cette peur que vous avez de manquer d'argent montre peut-être combien avoir une stabilité financière est crucial pour vous. Vouloir à tout prix préserver votre intimité prouve seulement que vous ressentez le besoin d'être seul à certains moments. Les émotions négatives nous offrent donc la possibilité d'interrompre des cycles – pensées, émotions, habitudes comportementales – qui ne peuvent que nous desservir et faire que nous réagissons mal à un stress. Par conséquent, pour gérer notre anxiété, nous devons avant tout comprendre comment fonctionnent nos émotions.

Le pouvoir des préjugés négatifs

On utilise souvent le mot « anxiété » pour décrire un sentiment négatif et ce, quel qu'il soit. Or, comme je l'ai expliqué précédemment, l'anxiété est un état d'activation au niveau du cerveau/corps. Des cellules s'envoient des signaux, l'énergie monte en puissance, le cerveau/corps est prêt à agir. Il est sur le qui-vive, impatient de passer à l'action. Lorsque vous êtes en proie à une anxiété négative, cette activation peut se traduire par de la nervosité, de la peur, un malaise, une souffrance, soit autant d'émotions négatives qui ont un effet désastreux sur l'humeur, qui détournent l'attention, qui nous poussent à nous mettre en retrait, voire à nous isoler.

À l'opposé de ces émotions négatives, on trouve les émotions positives comme la joie, l'amour, la bonne humeur, l'enthousiasme, la curiosité, l'émerveillement, la gratitude, la sérénité, l'inspiration, pour ne citer qu'elles, qui nous poussent à nous reconnecter à nous-mêmes et aux autres. Elles nous protègent de la maladie et nous aident à rester en bonne santé car elles stimulent notre système immunitaire. La joie et le plaisir qui en découlent font que nous recherchons les situations qui déclenchent ce bien-être physique et psychique. Les émotions positives se mettent en place plus ou moins automatiquement. Il ne suffit pas de vouloir être joyeux pour ressentir de la joie. En résumé, si les émotions négatives nous sont utiles dans la mesure où elles nous protègent d'un danger ou d'une menace, nous avons également besoin d'émotions positives. La joie, l'amour, l'enthousiasme et la curiosité nous poussent à rechercher de l'affection et à tisser des liens avec autrui. La curiosité, quant à elle, nous invite à apprendre, à nous élever et à comprendre le monde qui nous entoure ; le désir nous incite à chercher l'âme sœur. Tout comme l'anxiété, les émotions primaires peuvent être vues comme des signaux envoyés par le cerveau qui nous informent que quelque chose est mauvais (négatif) ou bon pour nous. Ces émotions dites fondamentales, dont le siège est le cerveau inférieur (y compris l'aire limbique), nous protègent d'une menace et nous poussent à chercher ce dont nous avons besoin – un abri, de la nourriture, de la compagnie. Les émotions ne sont toutefois pas restées à l'état primaire, elles ont évolué et sont devenues plus complexes, ce qui explique pourquoi gérer une anxiété n'est pas chose facile.

Si l'anxiété semble prendre le dessus sur notre humeur, c'est en partie parce que nous avons tendance à nous polariser non pas sur les émotions positives, mais sur les émotions négatives. Notre cerveau accorde plus d'importance aux émotions négatives, qu'il mémorise aussi mieux que les émotions négatives. Conclusion, les émotions négatives sont plus fortement encodées dans notre cerveau. Mais pourquoi avons-nous tendance à mieux nous souvenir d'une émotion négative que d'une émotion positive ? Pourquoi pensons-nous que les émotions positives sont l'exception plutôt que la règle ? Nous pouvons répondre à ces questions en observant la manière dont notre cerveau est câblé pour mettre en place un mécanisme de défense et est, de ce fait, enclin à chercher des problèmes, détecter un danger et éviter une souffrance. La manière dont notre système nerveux est structuré est étroitement liée à ces instincts primaires.

Si l'on se réfère à la littérature scientifique, la plupart des chercheurs, des médecins, des psychologues et des journalistes classent les émotions en deux catégories : les émotions négatives et les émotions positives – comme si l'on devait, dès que cela est possible, fuir les émotions négatives qui, *a priori*, ont des effets délétères. Autrement dit, la communauté scientifique a des préjugés négatifs quant aux émotions négatives quelles qu'elles soient – colère, peur, inquiétude, tristesse, frustration, etc. Or, les chercheurs vers lesquels on se tourne naturellement pour expliquer ou prévenir une maladie n'ont pas fait de recherches poussées sur les émotions positives.

Un exemple montrant ce qui peut empêcher nos émotions positives de prendre le dessus est un phénomène largement étudié, appelé biais de négativité[6], qui fait référence à la préférence que notre cerveau accorde naturellement aux émotions négatives plutôt qu'aux émotions positives. En effet, nombre d'études ont montré que les informations négatives non seulement attirent notre attention plus rapidement que des informations positives tout aussi importantes, mais que ces informations négatives influencent plus notre jugement que les informations positives. Nous avons tous vu et nous connaissons probablement tous des personnes qui se polarisent sur la seule petite chose qui ne va pas, même si tout le reste se passe bien. C'est votre cas ? Eh bien, sachez que lorsque vous agissez ainsi, c'est que le biais de négativité a pointé le bout de son nez.

Sur les plans biologique et psychique, ce n'est pas votre faute si vous avez tendance à vous polariser sur ce qui ne va pas. Toutefois, sachez que si nous parvenions à prendre du recul par rapport aux affects négatifs, nous arriverions probablement à mieux les gérer. Et si nous regardions les choses sous un autre angle ? Et si, plutôt que de nous polariser sur ces affects négatifs, nous nous concentrions sur les objectifs que nous nous sommes fixés ? Et si nous décidions que ces émotions négatives sont un défi à relever et non un frein ? Et si nous considérions ces émotions négatives comme des informations à ne pas négliger et non des dangers à éviter ?

Sur le plan neurologique, ces différents affects, y compris ceux qui vont de pair avec l'anxiété, ont une raison d'être : attirer notre attention sur quelque chose qui est important. (Dans la deuxième partie de ce livre, vous découvrirez comment canaliser l'énergie due aux émotions sous peine qu'elle ne se transforme en anxiété négative ; je vous parlerai de la neurobiologie liée à un état d'esprit positif, la productivité, la performance optimale, la créativité et bien d'autres choses encore.)

L'une des plus grandes avancées dans le domaine des neurosciences affectives (qui étudient les mécanismes neuronaux de l'émotion) a mis en évidence plus de cinq ou six émotions de base. En 1980, le psychologue américain Robert Plutchik[7] a inventé la roue des émotions pour montrer que certaines émotions peuvent varier en intensité.

Considérer les émotions sous cet angle prouve bien qu'il cst capital dc poscr un autre regard sur l'anxiété. En effet, l'anxiété – association d'affects négatifs et d'affects positifs – est liée à chacune des émotions figurant sur la roue de Plutchik ! Plus vous avancerez dans la lecture de ce livre, mieux vous comprendrez, je l'espère, comment les émotions positives et négatives de l'anxiété se manifestent dans votre vie. Une fois pour toutes, l'anxiété n'est pas nécessairement négative ! Les émotions ne cessent d'évoluer !

Nous pouvons réguler nos émotions

Le stress qui génère de l'anxiété ne disparaît pas, mais nous avons la capacité d'« optimiser » la manière dont nous réagissons face à ce stress. Des chercheurs, notamment Alia Crum, professeure et psychologue à l'université de Stanford, ont montré comment utiliser son état d'esprit et les techniques de réévaluation, deux fonctions du CPF (cortex préfrontal), pour appréhender un stress comme un défi à relever et une occasion qui nous est offerte de « nous améliorer et de nous développer[8] ».

Sur le plan neurologique, les travaux d'Alia Crum et de ses confrères s'inscrivent dans un plus large domaine de recherche scientifique sur le cerveau, appelé régulation émotionnelle – mécanisme (ascendant et descendant) qui nous aide à gérer toutes nos réactions émotionnelles et plus particulièrement l'anxiété.

Mais qu'entend-on précisément par *réguler* ? James J. Gross est l'un des spécialistes de la régulation émotionnelle. Pour ce professeur de psychologie à l'université de Stanford, la régulation émotionnelle est « l'ensemble des mécanismes par lesquels les individus font qu'ils ressentent telle ou telle émotion, à tel ou tel

LA ROUE DES ÉMOTIONS DE PLUTCHIK

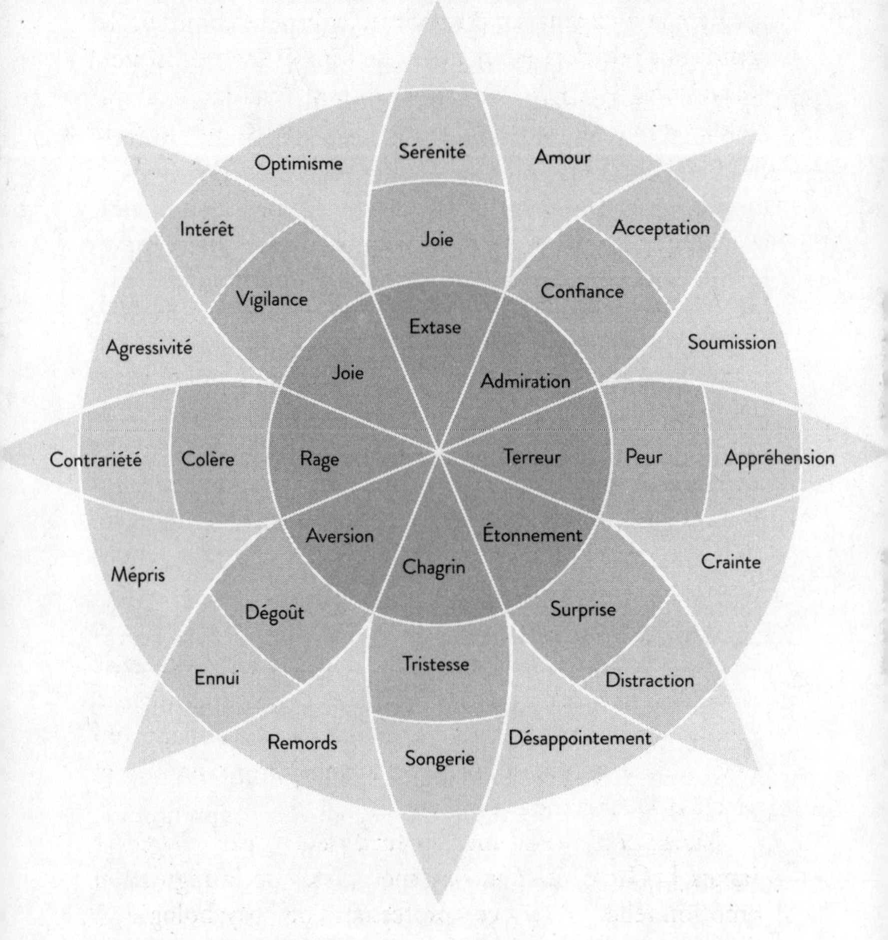

moment, comment ils vivent cette émotion et comment ils l'expriment[9] ». Si jusqu'alors les chercheurs ont toujours pensé que la régulation émotionnelle était simplement un mécanisme descendant *(top-down)* contrôlant des émotions ascendantes *(bottom-up)*, il est maintenant établi qu'il y a une interaction beaucoup plus bidirectionnelle entre les zones cérébrales *bottom-up* (le système limbique) et *top-down* (CPF et autres voies neuronales avec lesquelles il interagit). Pourquoi ? Parce que comme le dit James J. Gross, la régulation émotionnelle est un système complexe de « sous-systèmes neuronaux interconnectés [qui] exercent un contrôle les uns sur les autres à des degrés divers et sont dans une interaction stimulante ou inhibitrice bidirectionnelle continue ». Et le chercheur de souligner que cette régulation est un ensemble de mécanismes présents sur un « continuum allant d'une régulation contrôlée, pénible et consciente à une régulation inconsciente, aisée et automatique[10] ».

Mais qu'est-ce que cela signifie concrètement ? Pour faire simple : si l'anxiété est un signal pour attirer notre attention afin que nous évitions un danger, elle ne doit pas nécessairement engendrer un malaise, nous perturber ou interférer d'une quelconque manière avec notre besoin naturel d'éprouver une sensation de bien-être et de parvenir à un équilibre. Nous pouvons apprendre à utiliser notre conscience pour porter un autre regard sur une situation, la réévaluer et éliminer la perception d'un danger et voir là une occasion de relever un défi et réagir différemment à une situation particulière. Nous avons une multitude d'options pour décider du regard que nous allons porter, d'une part sur le signal et, d'autre part, sur l'anxiété (ce que nous ressentons), voire la manière dont nous allons réagir. Comme quoi, notre cerveau est une véritable petite merveille !

Notre cerveau et notre corps sont en permanence à la recherche d'un équilibre entre excitation et relaxation (homéostasie). Tous les systèmes – du système nerveux au système digestif en passant par les systèmes respiratoire, cardiovasculaire et immunitaire pour ne citer qu'eux – interagissent et s'envoient des signaux afin que chacun réagisse à un facteur de stress et que cet équilibre soit retrouvé. Le système émotionnel n'est pas épargné. Les émotions négatives sont là pour attirer notre attention sur quelque chose pouvant présenter un danger ou un risque et sont mises en place pour engendrer un changement ou une adaptation qui feront que nous nous sentirons mieux. Autrement dit, les émotions négatives peuvent avoir un impact positif. Idem pour l'anxiété. Perçue comme une émotion négative ou un mal-être, l'anxiété est la manière que le cerveau/corps a trouvée pour nous dire de faire attention. Le système qui fait que nous gérons naturellement nos émotions négatives, que nous avons telle ou telle réaction et arrivons à surmonter les émotions négatives pour maintenir ou retrouver un équilibre (homéostasie) est ce que l'on appelle la régulation émotionnelle.

L'anxiété est un ensemble d'affects qui perturbent notre capacité à réguler nos émotions. Ces affects sont là pour que nous portions notre attention sur quelque chose qui ne devrait pas être. Lorsque des émotions spécifiques sont activées par l'anxiété, nous sommes censés utiliser les outils qui nous permettent de réguler ces émotions.

L'anxiété doit alors diminuer et nous devons retrouver un équilibre. Cependant, nul ne peut présumer de sa capacité à réguler ses émotions. En effet, cette capacité varie en fonction d'un certain nombre de facteurs – la manière dont nous avons été éduqués, notre mode de vie, voire notre patrimoine génétique. Par chance, rien n'est figé et nous pouvons toujours nous améliorer. Si l'on se réfère au modèle de régulation émotionnelle de James J. Gross, cinq stratégies permettent de gérer l'anxiété et les autres émotions négatives : la sélection de la situation, la modification de la situation, le déploiement attentionnel, les changements cognitifs et la modulation de réponse. Les quatre premières stratégies peuvent mettre fin à l'anxiété avant qu'elle ne prenne de l'ampleur et ne devienne chronique. La cinquième stratégie intervient plus tard dans le temps, après que l'on a ressenti l'anxiété (ou tout autre affect négatif).

Ce modèle, qui permet de comprendre la régulation émotionnelle (présenté dans la littérature scientifique comme le modèle processuel de régulation des émotions défini par Gross), a fait la quasi-unanimité au sein de la communauté scientifique et continue d'évoluer. Un autre neuroscientifique spécialisé dans la régulation émotionnelle, Nils Kohn, a complété ce modèle en émettant l'hypothèse suivante : nous avons besoin de garder à l'esprit que cette régulation des émotions est à la fois automatique (et par conséquent implicite et intrinsèque) et consciente (et de ce fait explicite et extrinsèque). La régulation émotionnelle peut être soit fonctionnelle et adaptée par nature (et par conséquent nous venir en aide), soit inadaptée et dysfonctionnelle.

Pour mieux comprendre, prenons un exemple concret. Imaginons que vous préparez un entretien d'embauche après avoir été licencié il y a six mois. Vous ressentez une certaine pression, vous doutez de vous et vous avez peur – d'être rejeté, d'échouer, de ne pas être à la hauteur. L'entretien aura lieu dans quatre jours, mais vous ressentez déjà de la nervosité. Lorsque vous vous imaginez franchissant la porte du bâtiment, vos mains deviennent moites, votre cœur s'emballe et votre respiration s'accélère. Puis vous imaginez le pire : vous avez oublié votre CV, vous avez deux chaussettes de couleurs différentes et vous ne savez plus ce qui vous a poussé à postuler.

- **Option n° 1 :** éviter cette situation qui, vous le sentez, va vous perturber et exacerber votre anxiété. Cette solution (ne pas passer l'entretien) pourra certes diminuer votre peur et votre stress, mais pas pour longtemps. En effet, ne pas vous rendre à ce rendez-vous ne va pas vous aider si, finalement, vous voulez ou avez besoin de ce travail. James J. Gross appelle cette stratégie « sélection de la situation ».
- **Option n° 2 :** vous changez la situation afin que l'anticipation ou l'anxiété soient plus tolérables ou supportables. Par exemple, si l'idée d'un entretien en face à face vous angoisse, demandez qu'il se déroule par téléphone ou par visioconférence. Changer une situation peut vous permettre de reprendre le dessus et de supporter une émotion qui est trop forte pour vous. C'est ce que Gross appelle « modification de la situation » et ce que, moi, j'appelle « passer d'une anxiété négative à une anxiété positive ».

Votre nervosité n'a pas disparu, mais vous arrivez à la contrôler, à la canaliser.

- **Option n° 3 :** ce que Gross appelle « déploiement attentionnel », à savoir détourner son attention de la situation qui génère de l'anxiété pour se concentrer sur autre chose. Une technique que les parents utilisent souvent avec les jeunes enfants. Si un petit garçon a peur des chiens, son père ou sa mère fera le pitre pour qu'il le/la regarde pendant que le chien s'éloignera. C'est un type de distraction attentionnelle.
- **Option n° 4 :** probablement la plus élaborée de toutes les stratégies de régulation émotionnelle que Gross appelle « changement cognitif ». Cette stratégie vous permet de changer de manière volontaire et consciente votre état d'esprit ou votre attitude par rapport à une situation donnée. Plutôt que de vous dire qu'à cause de ce fichu entretien, votre vendredi matin va être gâché, dites-vous que vous avez là une occasion de montrer à un employeur potentiel tout ce que vous savez sur le poste à pourvoir et sur la société. Une bonne manière de retrouver la confiance en vous. Soyez curieux de découvrir ce qu'il (ou ce qu'elle) a à vous dire. Le fait de porter un autre regard sur la situation fait, d'une part disparaître la peur et le sentiment d'être dépassé, d'autre part naître un sentiment d'excitation et de défi à relever.

Une fois que vous aurez franchi la porte du bâtiment et que vous serez assis face à votre interlocuteur, il est possible que l'anxiété refasse surface, en dépit de la stratégie que vous aurez mise en place. Dans ce cas, essayez de calmer, voire de faire disparaître votre anxiété, par exemple en contrôlant votre respiration (la respiration profonde étant la solution la plus rapide et la plus efficace pour apaiser le système nerveux) ou en buvant un verre d'eau. Si votre anxiété n'est pas liée à un entretien d'embauche, mais à un rendez-vous amoureux, vous pouvez même boire une bière ou un verre de vin. Choisissez la stratégie qui vous semble répondre le mieux à vos besoins après une bouffée d'angoisse.

Les études actuellement menées sur l'interaction entre l'anxiété et la régulation émotionnelle mettent en évidence le fait que les stratégies interventionnelles comme la réévaluation d'une situation peuvent nous aider à réguler nos émotions et à avoir un effet positif sur l'anxiété. Je me dois, toutefois, de préciser que toutes ces études sont réalisées dans le cadre de troubles de l'anxiété[11]. Les études d'imagerie cérébrale ont également montré que les affects négatifs liés à l'anxiété ou à la peur sont atténués lorsqu'une stratégie de régulation émotionnelle est appliquée. Qui plus est, ces études ont également montré que le siège des affects négatifs de l'anxiété ou de la peur se trouve dans les régions du cerveau impliquées dans la régulation des émotions. Ces recherches n'en sont qu'à leurs balbutiements et de nombreuses questions sont encore sans réponse. Mais ce qui est sûr, c'est que nous pouvons apprendre à réguler nos émotions. Nous pouvons nous améliorer afin de mieux gérer et canaliser notre anxiété.

J'aime voir en cette manière d'appréhender l'anxiété une possibilité de mettre en place le processus de résilience. Dans le chapitre 4, nous verrons plus en détail comment les voies cerveau/corps de l'anxiété peuvent favoriser le développement de la résilience – physique et émotionnelle – mais, pour le moment, ce qu'il faut savoir, c'est que nous avons besoin d'éprouver des émotions et d'adapter nos réactions à ces émotions. Et ce processus commence par une prise de conscience. Dès lors que vous comprenez que vous êtes mal du fait d'une anxiété, prenez une pause et demandez-vous ce que vous pouvez faire de ces affects parasites. Nous avons constamment besoin de faire le point sur nos émotions, sur notre malaise, sans chercher à les dissimuler, les nier, les fuir ou nous en détourner.

Regarder les choses en face se traduit de deux manières : premièrement, vous vous habituez à éprouver de l'anxiété et vous comprenez que vous pouvez « survivre » ; deuxièmement, vous vous donnez le temps et les moyens de prendre une décision en toute connaissance de cause quant à la manière dont vous allez agir ou réagir. Et c'est exactement ce qu'il faut faire pour qu'une nouvelle voie neuronale plus positive se mette en place.

3

LE *COPING*, OU COMMENT GÉRER L'ANXIÉTÉ DANS LA VRAIE VIE

Face à des facteurs de stress et à l'anxiété qu'ils engendrent, nous mettons tous en place des stratégies afin de gérer notre anxiété et nous remettre sur la bonne voie – comprenez, retrouver un équilibre et nous sentir bien et à notre place. C'est pour retrouver cet équilibre que, naturellement, nous essayons de réguler nos émotions et de rebondir lorsque nous sommes anéantis. Ces mécanismes – comportements et pensées – deviennent progressivement des réactions conditionnées inscrites dans notre mémoire. Autrement dit, ces réactions se mettent en place automatiquement en présence d'un stimulus donné, sans que le sujet en ait conscience.

Nombre de ces stratégies conditionnées se mettent en place durant l'enfance, de manière non consciente. Prenons l'exemple d'une petite fille de 7 ans qui, ayant peur du noir, se berce ou se cache sous la couette dans son lit. Il y a fort à parier qu'à 17 ans, lorsqu'elle aura peur, son envie première sera de se bercer. Or comme cette habitude lui semblera non adaptée à son âge, elle préférera boire une bière ou fumer un joint pour calmer sa peur. En essayant de ne plus se comporter comme la petite fille de 7 ans qui avait peur du noir, la jeune fille a mis en place une stratégie de *coping* inadaptée qui, au fil du temps, pourra être lourde de conséquences.

Certaines personnes avalent des somnifères pour s'assommer. D'autres se tournent vers des objets qui les rassurent – la grande majorité des adultes a ainsi remplacé le doudou ou la tétine de l'enfance par le téléphone portable. Personnellement, lorsque je suis sous l'emprise d'un stress, par exemple lorsque je dois respecter un délai particulièrement court, je me tourne vers la nourriture et mange plus que de raison. Si aucun de ces comportements n'est dangereux à petite dose, je vous laisse imaginer ce qui se passe s'ils sont fréquents. Croyez-moi, je sais de quoi je parle avec une prise de poids de 13 kg en une dizaine d'années.

Les stratégies de *coping* sont essentiellement des comportements ou des actes que nous adoptons pour nous apaiser ou fuir des émotions désagréables. Lorsque ces stratégies ne nous permettent plus de gérer un stress, elles ont un effet contraire à celui escompté : elles exacerbent notre anxiété et renforcent le sentiment que nous avons de ne pas contrôler notre vie. En général, les stratégies de *coping* sont perçues comme adaptées (bénéfiques quand elles nous aident à gérer notre stress) ou inadaptées (nocives quand elles causent d'autres dommages – le problème s'aggrave ou la situation crée un autre problème comme c'est le cas avec une consommation excessive d'alcool ou de drogues).

Le petit garçon de 8 ans qui, lorsqu'il se sentait menacé, jouait des poings dans la cour de récréation, devient souvent un adulte au sang chaud toujours prêt à se battre dès qu'il se sent agressé, ne serait-ce que par une personne qui le bousculera en montant ou en descendant d'une rame de métro. L'adolescente qui, pour apaiser le sentiment de solitude qui la ronge, a pris l'habitude de se scarifier, risque à 30 ans de ne pas trouver comment calmer sa souffrance et mettre fin au sentiment d'insécurité qui l'habite autrement qu'en se tournant vers la nourriture jusqu'à devenir boulimique. Dans un premier temps, la bagarre, la nourriture et autres peuvent effectivement atténuer la souffrance liée à un affect négatif – une colère refoulée, un sentiment d'isolement ou la peur du noir. Mais lorsque ces sentiments à l'origine de l'anxiété et des comportements qu'elle génère sont ignorés et non traités, ils s'aggravent et s'ancrent en nous. Les stratégies de *coping* négatives ne font que renforcer notre incapacité à gérer ou à réguler nos émotions.

Pour mieux comprendre, prenons l'exemple de Ralph.

Ralph met trente minutes pour se rendre à son bureau le matin et trente minutes le soir pour rentrer. Son travail lui prend beaucoup d'énergie du fait de politiques internes qui l'épuisent et mettent ses nerfs à dure épreuve. Un vendredi soir à 17 h 15, il quitte le bureau, monte dans sa voiture, pressé d'arriver chez lui pour boire une bière et faire une pause devant la télévision. Il espère tomber sur un match qui saura le distraire et le détendre.

Or, à peine arrivé sur l'autoroute, il est pris dans un embouteillage. Tout le monde semble pressé, mais les voitures n'avancent pas. Ralph n'arrête pas de changer de file. Il commence à s'énerver et lorsqu'un jeune gars dans une camionnette lui fait une queue de poisson, il explose. Fou de rage, il accélère et donne un coup de volant pour se coller à la camionnette ; le conducteur, incrédule, le regarde gesticuler et vociférer en même temps qu'il appuie sur le klaxon. Ralph a les nerfs à vif et il n'arrive pas à se contrôler.

Vous vous dites certainement que Ralph avait d'autres solutions que de se mettre en colère et d'injurier l'autre conducteur. Or c'est la réaction qu'il a depuis des années presque chaque fois qu'il est au volant. Se mettre en colère lorsqu'il est en voiture est devenu pour lui une habitude à tel point qu'il ne s'en rend même pas compte. Il n'a jamais travaillé sur la colère qu'il éprouve chaque fois qu'il est en voiture, et les voies neuronales empruntées (influx nerveux en réponse à un stimulus) sont profondément ancrées en lui. Or Ralph a encore la possibilité de « désapprendre » ce comportement.

Cet exemple montre parfaitement que Ralph ne sait pas réguler ses émotions et qu'il n'arrive pas vraiment, voire pas du tout, à contrôler ses réactions. Les émotions négatives se sont peu à peu renforcées et chaque fois qu'il conduit et que la colère monte en lui, il réagit de la même manière. Or si Ralph mettait en place des outils lui permettant de gérer ses émotions, il arriverait non seulement à maîtriser son comportement sur la route, mais aussi à gérer la situation qui l'épuise au travail. Il pourrait, entre autres, mettre en place une stratégie pour se calmer avant de prendre le volant. Mais tant que Ralph n'aura pas pris le recul nécessaire pour identifier ce qu'il doit changer, son stress et son anxiété ne feront qu'augmenter.

Une stratégie de *coping* inadaptée face à un stress a de nombreuses répercussions tant sur notre cerveau que sur notre corps, et ce à différents niveaux, y compris le système neuroendocrinien, le système nerveux autonome, mais aussi les systèmes cardiovasculaire et immunitaire[12].

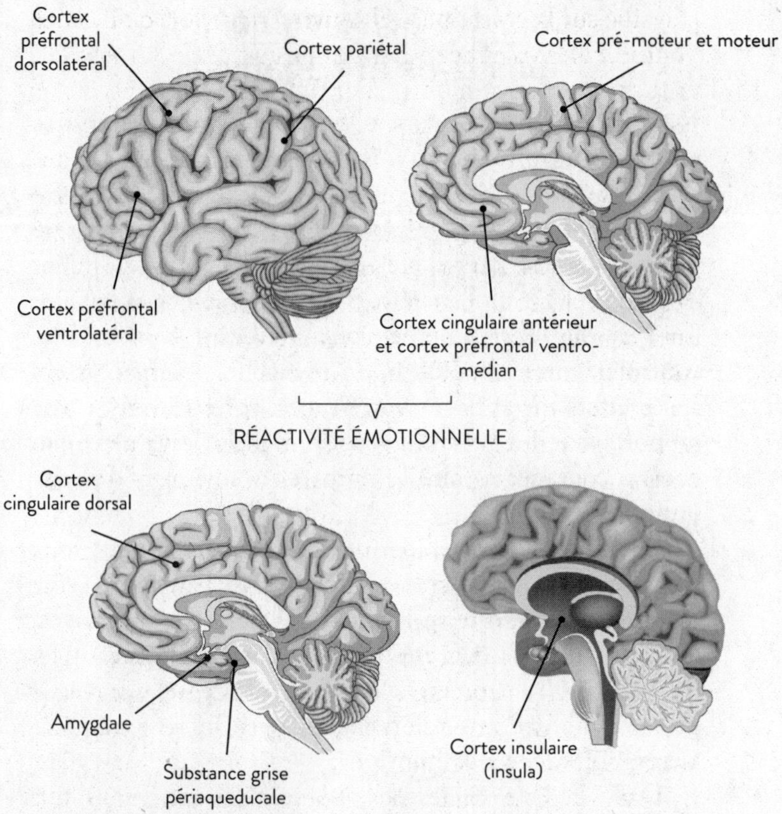

Zones du cerveau impliquées dans la régulation émotionnelle. L'amygdale et les ganglions de la base participent au traitement des émotions (crise d'angoisse). Entrent ensuite en jeu le cortex préfrontal ventrolatéral, l'insula antérieur, le cortex moteur, le gyrus angulaire et le gyrus temporal supérieur. L'activation des émotions s'opère dans le cortex préfrontal ventrolatéral qui envoie un signal au cortex préfrontal dorsolatéral pour lui dire qu'il faut réguler des émotions. Le cortex préfrontal dorsolatéral entre en scène et envoie ce signal au gyrus angulaire, au cortex moteur et au gyrus temporal supérieur, à l'amygdale et aux ganglions de la base pour qu'ils interviennent dans la gestion des émotions négatives.
Illustration adaptée des travaux de Etkin et al. *(2015) et de Kohn* et al. *(2016).*

Les stratégies de *coping* positives et négatives

Nous mettons en place des stratégies pour gérer nos émotions négatives, à savoir des comportements et des actes qui nous aident à minimiser ou à rediriger notre malaise, notre peur, notre souffrance, etc., ce qui explique pourquoi les stratégies de *coping* sont souvent le reflet de notre relation à l'anxiété. Si la stratégie que vous avez mise en place est adaptée, vous arrivez probablement à contrôler votre anxiété. Si, en revanche, gérer un stress a des effets négatifs sur votre santé, votre travail ou vos rapports avec les êtres qui vous sont chers, je ne peux que vous encourager à faire le point et à envisager d'autres options.

Il est important d'identifier la manière dont vous réagissez à un stress et aux affects liés à l'anxiété. Avoir recours à deux, voire trois stratégies de *coping* négatives, montre que vous êtes englué dans une anxiété négative. *A contrario*, mettre en place une stratégie de *coping* positive montre une tolérance au stress et une certaine adaptabilité face aux émotions.

Dans la liste ci-dessous, pointez les situations qui vous sont familières. Ne portez pas de jugement, contentez-vous de faire un constat.

Exemples de *coping* négatif :

- Boire de l'alcool ou avoir recours à des drogues ; consommer ces produits en grande quantité.
- Se montrer violent à l'égard des autres (violence verbale, physique, sexuelle ou émotionnelle).

- Agir mal délibérément.
- Éviter les conflits.
- Se justifier ou accuser les autres d'être responsables de ses problèmes.
- Nier qu'il y a un problème.
- Refouler ou oublier ce qui s'est passé.
- Opter pour un comportement qui ne correspond pas à qui l'on est.
- Se dissocier d'une situation.
- Afficher un comportement pour prouver que l'on contrôle une situation.
- Se noyer dans le travail (être toujours occupé pour ne pas laisser la moindre place aux sentiments).
- Se faire du mal; avoir des idées suicidaires ou faire des tentatives de suicide.
- S'isoler, cesser ses activités et refuser de voir les autres.
- Ressentir le besoin de contrôler et de manipuler les autres.
- Refuser de communiquer.
- Fantasmer régulièrement.
- Envisager toujours le pire.
- En faire toujours trop pour les autres (au détriment de soi).

Faites le même exercice, mais cette fois avec les stratégies de *coping* positives, qui sont des stratégies adaptées dans la mesure où elles vous permettent de bien gérer votre anxiété.

Exemples de *coping* positif :

- Mettre un nom sur ce que l'on ressent, qu'il s'agisse de sentiments positifs ou négatifs.
- Contrôler sa colère – sans la ravaler, sans la laisser exploser.
- S'autocritiquer.
- Chercher du soutien auprès de ses amis et/ou de sa famille.
- Exprimer ce que l'on ressent et parler de ses sentiments.
- Pratiquer une activité physique (l'activité physique atténue l'anxiété).
- Avoir des rapports sexuels réguliers (l'activité sexuelle diminue l'anxiété et calme le système nerveux).
- S'adonner à un hobby.
- Passer du temps en plein air.
- Regarder une situation sous un autre angle.
- Rester ouvert à toute pensée.
- Tenir un journal (intime ou autre) pour écrire noir sur blanc ses pensées/réflexions.
- Passer du bon temps avec sa famille, son conjoint(e) et autres membres de sa famille.
- Tenir des propos positifs y compris lorsque l'on se parle à soi-même.
- Méditer ou prier.
- Nettoyer et ranger son espace de travail ou sa maison.
- Demander de l'aide à un professionnel de santé quand on est malade.
- Jouer avec des enfants ou un animal domestique.

Lorsque les stratégies de *coping* ne mettent plus fin à l'anxiété

Au fil du temps, notre rapport à l'anxiété change, tout comme évolue la manière dont nous la traitons. Les stratégies de *coping* doivent, par conséquent, être régulièrement revues et corrigées, les stratégies inadaptées devant quant à elles faire l'objet d'un questionnement impliquant un travail sur soi.

Liza gère sa carrière d'une main de fer. À peine diplômée de l'école de management de Harvard, la jeune femme s'est lancée corps et âme dans un travail au sein d'un service Finances. D'une grande vivacité intellectuelle et dotée d'une incroyable intelligence sociale, Liza est aimée et respectée par l'ensemble de ses collègues. Pendant plus de dix ans, elle s'est entièrement consacrée à sa carrière, grimpant un à un les échelons pour se retrouver, à l'âge de 41 ans, sans aucune vie en dehors de son travail. Jusqu'à ce jour, cette accro au boulot a vu son implication et sa motivation récompensées et, si son compte en banque est plutôt bien garni, Liza a, par ailleurs, conscience de sa propre valeur. Dernièrement, après une dure journée de labeur, Liza est rentrée totalement épuisée chez elle à Back Bay, quartier résidentiel très chic de Boston. Pour se détendre et trouver le sommeil, elle a bu trois puis quatre verres de vin. Tous les matins, son réveil sonne à 5 heures, ce qui lui laisse suffisamment de temps pour aller courir le long de la rivière Charles et être au bureau à 7 heures. Si ce rythme lui a parfaitement convenu pendant des années, aujourd'hui les choses ont changé. Liza se réveille totalement épuisée. Seule, assaillie de doutes, elle s'interroge sur ce qui la pousse à agir comme elle le fait.

Liza est souvent inquiète et c'est cette inquiétude qui l'a toujours poussée à travailler plus et plus longtemps que ses collègues, ce qui lui vaut les retours positifs de sa hiérarchie, retours qui lui tiennent tant à cœur. Autrement dit, Liza utilise son anxiété à bon escient.

Mais au cours des deux dernières années, notamment après le passage de la quarantaine, Liza a compris que son travail ne lui procure plus autant de bonheur et qu'elle se fiche éperdument d'être bien vue par son patron et ses collègues. Lorsqu'elle est au travail, elle donne tout, mais, une fois sortie, elle n'est plus capable de rien. Qu'est-ce qui ne tourne pas rond ? Eh bien, Liza est seule, elle vieillit et, au travail, elle n'est plus considérée comme la jeune étoile montante que l'on admirait.

Cette énergie qui l'a toujours nourrie commence à l'abandonner et elle n'a plus le contrôle sur tout. La seule solution qu'elle a trouvée pour estomper ce malaise émotionnel qui la ronge est de boire du vin le soir – c'est la seule chose qui la fait tenir lorsque sa tête est prête à exploser du fait du stress énorme au travail. Tous les matins, elle va courir, mais même ça ne lui procure plus aucun plaisir. Courir est devenu un rituel, rien de plus. Elle court pour rester en vie et échapper à ses peurs : peur de devenir grosse, de ne plus travailler aussi vite, de ce qui se passera lorsqu'elle cessera de courir.

Si Liza avait été capable de s'arrêter et de regarder la situation en face, elle aurait noté tous les signaux de mise en garde auxquels elle n'a prêté aucune attention : de moins en moins d'énergie, un travail qui l'épuise et ne la motive plus, une agitation quasi permanente, soit autant de petites choses qui montrent que son anxiété ne fait qu'empirer. L'anxiété de Liza ne tient peut-être pas encore de la pathologie, mais son anxiété négative est de plus en plus intense et de plus en plus présente. Elle subit cette anxiété négative, ce qui prouve que les mécanismes de *coping* qu'elle avait mis en place ne sont plus une barrière et ne la protègent plus de l'anxiété.

Si Liza avait passé un scanner, les images auraient probablement montré une forte activation au niveau de l'amygdale et de la partie du lobe frontal appelée cortex cingulaire antérieur dorsal. Les comportements adaptés de Liza qui, autrefois, permettaient de trouver un équilibre entre les différentes zones cérébrales activées, semblent avoir de moins en moins d'effet. Pire encore, ces comportements ne sont plus adaptés : la pratique d'une activité physique, la recherche d'un retour positif et de compliments de la part de son patron et de ses collègues, et le lâcher-prise grâce à quelques verres de vin ne parviennent plus à supprimer son anxiété, à la détendre, à recharger ses batteries, à lui donner l'ambition nécessaire pour réussir. Difficile de dire quand les choses ont commencé à changer. Nous savons tous que le stress chronique a des répercussions sur des neurotransmetteurs dont le rôle est crucial, que le stress perturbe le sommeil et a un effet délétère sur les glandes surrénales – soit tout ce qui nous permet de réguler nos émotions (équilibre physique et émotionnel, ou homéostasie). De plus, il n'y a jamais une seule raison qui fait que l'anxiété que l'on arrivait jusqu'alors à gérer et qui était bénéfique devient problématique.

Liza doit faire des choix : elle peut continuer à se comporter comme elle le fait, à opter pour des stratégies de *coping* inadaptées. OU elle peut prendre des mesures pour faire les choses différemment. Mais avant tout, elle doit impérativement se convaincre qu'elle a le pouvoir de faire changer les choses. Liza doit prendre conscience qu'elle a le pouvoir de décider, d'agir et de penser qu'elle contrôle plus une situation qu'elle ne le croyait jusqu'alors.

Il est plus que probable que le cerveau de Liza soit pris dans une forme négative d'adaptation. Plus elle mettra de temps à comprendre que les stratégies de *coping* mises en place ne lui sont plus d'aucune aide et ne lui permettent plus de trouver le répit mental dont elle a besoin, plus son anxiété négative s'intensifiera et plus ces stratégies s'ancreront. Ce n'est que lorsqu'elle sera capable de voir la situation telle qu'elle est – même si c'est un peu tard – que Liza pourra commencer à changer certains éléments qui lui permettront d'aller vers une vie qui la rendra plus heureuse.

Ci-après un autre exemple de stratégies de *coping* qui ne marchent plus.

Jared avait 26 ans lorsque je l'ai rencontré. Il avait terminé ses études universitaires depuis cinq ans. Il vivait chez ses parents et ne savait absolument pas ce qu'il voulait faire, ce qui inquiétait beaucoup son père et sa mère. Aucun poste ne l'intéressait ou ne semblait assez bien pour lui. Il avait fait appel à un chasseur de têtes et à un coach spécialisé dans la recherche d'emploi. Il était angoissé, ne sachant que faire de sa vie. Il n'arrivait pas à passer le cap et à accepter un poste de junior dans une petite société, une PME ou même une grosse entreprise. Jared envisagea un moment de reprendre ses études, mais il n'avait aucun domaine de prédilection et aucune envie de s'endetter, ses parents lui ayant clairement signifié qu'ils ne lui donneraient pas un centime.

Son père comme sa mère étaient contrariés et énervés d'avoir payé des études à quelqu'un qui n'arrivait pas à se projeter dans l'avenir. Ils s'en voulaient aussi car ils se disaient que si Jared n'arrivait pas à prendre une décision et à avancer, c'était leur faute. Ils se demandaient si la solution n'était pas de lui donner un bon coup de pied aux fesses pour qu'il se sente obligé d'accepter un travail, quel qu'il soit.

En vérité, Jared était terrorisé.

Plus les semaines et les mois passaient, plus il semblait comme paralysé, sans aucune motivation, aucune confiance en lui et aucune énergie. Il mangeait plus que de raison (ce qui se traduisit par 10 kg de trop sur la balance) et il cessa de voir ses amis (qui, eux, travaillaient et n'avaient plus guère de temps à lui consacrer ou qui avaient noué d'autres relations). L'anxiété de Jared était telle qu'il était au point mort et n'arrivait pas à prendre la moindre décision susceptible de faire bouger les choses.

Je tiens à préciser que si Jared souffre d'anxiété aiguë, il est aussi dépressif depuis plusieurs années. L'anxiété et la dépression sont deux troubles qui vont souvent de pair et qui présentent nombre de points communs sur le plan neurobiologique, notamment un dérèglement ou un déséquilibre entre la sérotonine et la dopamine et une réponse inadaptée en situation de stress. Si Jared n'était pas en permanence déprimé, il était toujours anxieux et c'est cette anxiété qui était à l'origine de sa dépression. Sur le plan neurochimique, Jared souffrait d'un trouble dépressif persistant, dans le jargon médical. Un TDP (anciennement connu sous le nom de dysthymie) est un état dépressif chronique ou qui dure sur le long terme. Or cette situation aurait pu être évitée si Jared avait su qu'il pouvait maîtriser son anxiété. Qu'au lieu de fuir un problème, il pouvait diriger cette énergie nerveuse permanente et croissante qu'il avait en lui vers ce problème pour tenter de le résoudre. Si Jared avait agi plus rapidement pour résoudre le problème apparu dès l'obtention de son diplôme et s'il avait continué à se bouger, pratiquer une activité physique et avoir une vie sociale, son anxiété n'aurait pas pris de l'ampleur et n'aurait pas induit une dépression. La relation entre l'anxiété et la dépression est complexe et nul ne peut dire comment un déséquilibre neurochimique va s'exprimer chez un individu. Mais ce que nous savons, c'est que ces deux maladies – même si elles semblent s'opposer – coexistent souvent.

Les exemples de Liza et de Jared mettent en évidence non seulement la manière dont nos comportements impactent nos états émotionnels et vice versa, mais aussi la façon dont l'anxiété négative qui nous ronge au quotidien peut s'immiscer dans notre vie, nous voler notre énergie et notre attention, saper notre motivation et avoir un effet délétère sur notre bien-être. Liza et Jared ne souffrent probablement pas de troubles cliniques, mais leur vie est mise à mal par leur anxiété négative. Comme nous tous, ils ont naturellement mis en place des stratégies pour gérer leurs émotions et leur anxiété. Pour Jared, prendre du recul par rapport aux autres et éviter de relever un défi lui a permis d'atténuer ses peurs quant à l'avenir. Or le problème avec cette stratégie, c'est qu'au fil du temps, ce recul et cette fuite n'ont fait qu'exacerber son anxiété et l'ont d'autant plus isolé et démuni. Cette stratégie de *coping* qui aurait pu lui être bénéfique sur le court terme n'a fait qu'accroître son anxiété, ce qui a déclenché une dépression. Jared traversait une mauvaise passe ; les années universitaires durant lesquelles il avait pris du bon temps et qui s'étaient terminées sur un succès étaient derrière lui et, pour la première fois, il était confronté au monde réel et devait faire des choix, ce dont il se sentait incapable. Malheureusement, les stratégies de *coping* qu'il a mises en place n'ont fait qu'empirer les choses.

Liza entrait, elle aussi, dans une autre phase de sa vie. Elle n'était plus la « jeune fille pleine d'avenir » et elle a été contrainte d'adapter ses objectifs professionnels à ceux d'une « senior ». Alors que son anxiété croissait, Liza s'est mise à compter sur l'alcool pour supporter son mal-être. Dans un premier temps, les stratégies de *coping* (l'exercice physique et le vin) ont eu raison de son anxiété et lui ont permis de s'apaiser, de se détendre, de remettre le compteur à zéro le soir afin de pouvoir repartir le lendemain matin. Puis elle s'est mise à boire de plus en plus de vin et cet abus d'alcool a commencé à générer des problèmes secondaires – troubles du sommeil, gueule de bois qui empêche de réfléchir et de prendre des décisions, baisse d'énergie et manque d'enthousiasme. Autrement dit, ces stratégies de *coping* n'ont marché qu'un temps. L'alcool, en particulier, ne fit qu'aggraver les choses.

Notre cerveau agit de manière automatique pour créer des stratégies qui nous permettent d'éviter les sentiments désagréables (comme l'anxiété) et masquent leur gravité.

Ce processus qui se met en place dans les voies et les connexions neuronales nous aide à gérer notre stress et à avancer. Mais dès lors que notre vie ou notre environnement changent, ces stratégies de *coping* ne suffisent plus, voire n'ont plus aucun effet, ce dont nous prenons ou non conscience. Certaines habitudes, au lieu de nous venir en aide, nous pénalisent. C'est ce qui s'est passé lorsque Liza s'est mise à boire plusieurs verres de vin le soir. La dépression et l'anxiété de Jared l'ont empêché d'affronter les situations difficiles et de prendre la moindre décision. Ces exemples sont autant de preuves montrant qu'une anxiété positive et gérable peut devenir négative et ingérable.

Pour mieux comprendre ce qui se passe, essayons de décrypter ce qui se produit dans notre corps lorsque l'anxiété prend le dessus. Pour faire bref :

- La sous-activation physique/l'épuisement se manifeste de différentes manières. Lorsque le cerveau/corps subit un stress chronique, votre capacité à gérer les émotions, à réfréner l'état d'excitation et à réduire la pression qui favorise certains comportements (une moins bonne capacité à répondre à un stimulus interne ou externe) diminue. Vous subissez alors toute forme de stress, quelle qu'elle soit ; vous avez des doutes quant à vos capacités et votre confiance en vous diminue.
- Votre corps s'épuise et s'il n'a pas suffisamment de temps pour se ressourcer et se reposer, il n'est pas

en mesure de vous fournir la motivation indispensable pour voir les choses de manière positive. Cette incapacité à reprendre le dessus se traduit par une incapacité à réguler vos émotions.

- Si vous vous isolez, vous vous privez du soutien et des encouragements de votre entourage, ce qui ne fait que renforcer l'anxiété négative.
- En outre, si vous vous tournez vers les drogues ou l'alcool pour trouver quelque réconfort, vous exacerbez sans le vouloir votre anxiété une fois que les effets des drogues et de l'alcool ont disparu. En effet, ces substances agissent comme des dépresseurs sur le système nerveux. Elles interfèrent également avec la sécrétion et la libération de dopamine et de sérotonine ; vous avez l'impression que votre anxiété a disparu alors qu'il n'en est rien.

Ces réponses diminuent l'excitation des différentes voies neuronales du cerveau/corps. Cependant, pour toutes ces stratégies de *coping* négatives et leurs inconvénients, une solution peut être trouvée. En effet, il est tout à fait possible de changer non seulement la manière de gérer les affects négatifs et l'anxiété, mais aussi leurs répercussions sur le cerveau/corps. Réguler ses émotions demande de l'énergie, nécessite une volonté d'agir et d'admettre que l'on a le choix. Il faut savoir que nous sommes tous aptes à reconnaître les signes d'un épuisement physique et/ou d'une dérégulation émotionnelle et à mettre en place des changements. C'est essentiel pour que l'anxiété positive soit bénéfique, ce qui nous ramène à la plasticité du cerveau.

Une fois que nous avons compris comment ces voies sous-jacentes déclenchent, renforcent ou redirigent l'activation des émotions, nous pouvons combattre l'anxiété négative et prendre en toute connaissance de cause des décisions qui nous permettront d'aller là où nous le souhaitons. Lorsque nous savons identifier nos sentiments, nos pensées et nos comportements, nous pouvons non seulement transformer l'anxiété négative en anxiété positive, mais aussi utiliser notre énergie à bon escient, bien nous comporter et avoir un bon état d'esprit. Nous sommes alors capables de retrouver toute la motivation – physique, mentale et sociale – dont nous avons besoin. Nous pouvons tous créer la vie que nous voulons avoir en utilisant de manière optimale les ressources qui sont les nôtres afin d'atteindre les objectifs que nous nous sommes fixés et faire que nos rêves deviennent réalité.

Tout comme l'anxiété, nos expériences, nos comportements, nos sentiments, nos pensées, nos décisions et les constructions mentales (perceptions et interprétations) reposent en partie sur la manière dont fonctionne notre cerveau/corps sur les plans physiologique (la manière dont notre corps répond à un stimulus), mental (la cognition et la réflexion), émotionnel (nos sentiments et les états émotionnels conscients et inconscients) et social (la manière dont nos rapports avec les autres et notre vie sociale influent sur notre biologie).

Changer le regard que vous portez sur l'anxiété peut vous permettre de vous libérer de ce qui fut, à un moment donné, un frein, pour en faire quelque chose d'utile et de bénéfique dans votre vie. Ce faisant, vous ouvrirez naturellement la porte aux bienfaits extraordinaires que l'anxiété peut apporter dans votre vie. Lorsque ça marche, l'anxiété peut vous donner six super pouvoirs qui vous permettront de mieux évaluer une situation : une attention plus soutenue pour de meilleures performances ; un état d'esprit positif et la mise en place du processus de résilience sur lesquels reposent des connexions plus fortes ; une productivité pour mieux réfléchir et faire preuve de créativité. Maîtriser son anxiété et transformer l'anxiété négative en anxiété positive permet de découvrir comment elle peut devenir un super pouvoir.

Dans la deuxième partie de ce livre, vous découvrirez six voies que l'anxiété peut emprunter pour devenir une anxiété positive. Ces six voies, ou « réseaux neuronaux » (ensemble de zones cérébrales liées les unes aux autres), comprennent le réseau émotion/attitude, le réseau attention (y compris le mécanisme descendant, ou *top-down*, dont je vous ai parlé), le réseau connexion (apparenté aux voies de notre cerveau social), le réseau récompense, ou motivation, le réseau créativité et le réseau résilience, qui nous permet de survivre. Tous ces réseaux cérébraux se chevauchent et interagissent. Ils partagent des voies neuronales et s'envoient en permanence des signaux les uns aux autres.

DEUXIÈME PARTIE

S'INQUIÉTER À BON ESCIENT : LES SUPER POUVOIRS CACHÉS DE L'ANXIÉTÉ

4

BOOSTEZ VOTRE RÉSILIENCE

Gérer son anxiété et parvenir à la transformer à des fins plus utiles aboutit à la résilience. Tous les réseaux cérébraux dont nous avons parlé précédemment nous permettent soit d'apaiser nos pensées et affects anxieux, soit d'utiliser l'énergie, l'excitation et le malaise qui s'ensuit pour aller mieux, faire mieux et nous sentir mieux – l'essence même de la résilience.

La résilience est la capacité à s'adapter et à se remettre d'une épreuve. C'est la résilience qui, tous les jours, nous aide à relever des défis, à surmonter des déceptions, à encaisser des injures réelles ou ressenties et à faire face à toute autre situation douloureuse. La résilience est aussi l'un des meilleurs outils dont nous disposons lorsque nous subissons une perte, un chagrin ou un traumatisme. Les événements traumatisants nous exhortent à survivre; ils puisent dans nos dernières forces et nos dernières réserves émotionnelles et physiques.

Autrement dit, nous nous appuyons en permanence sur notre pouvoir de résilience. Nous sommes programmés pour être résilients comme nous sommes programmés pour survivre. En effet, cette capacité d'adaptation qui va de pair avec la neuroplasticité nous prépare à être résilients, flexibles et à remonter la pente après un échec. Pour la scientifique que je suis, la résilience est l'outil qui nous permet de nous adapter et d'être en mesure de répondre aux facteurs de stress auxquels nous sommes confrontés tout au long de notre vie. Et même si ces facteurs de stress – aussi importants ou minimes soient-ils – sont inévitables, nous pouvons devenir résilients. Comment? En apprenant à ne plus avoir des idées arrêtées et en reconnaissant que ce ne sont pas nos échecs qui nous définissent. En reconnaissant que nous avons besoin d'aide et en sachant à quel moment en demander. En cherchant ce qui peut nous donner du plaisir, de la joie comme la nourriture, le sport, mais aussi les rapports sexuels. Car s'amuser aide à faire le plein de résilience !

Relever un défi que nous nous sommes lancé et prendre confiance en nous favorise le développement de la résilience. Apaiser, grâce à des exercices de respiration, notre corps lorsqu'il est confronté à un stress favorise le développement de la résilience. Manger sainement, avoir un sommeil réparateur et pratiquer régulièrement une activité physique booste notre résilience physique, qui à son tour renforce notre résilience psychologique. Notre corps et notre cerveau étant programmés pour s'adapter, nous pouvons développer la résilience de notre cerveau, de notre corps et de notre esprit. Lorsque nous sommes confrontés à des difficultés, à des échecs ou à un chagrin, nous pouvons délibérément choisir d'optimiser la manière dont nous allons agir face à ce stress, ce qui, parfois, nécessite que nous revoyions les stratégies de *coping* qui sont inadaptées (qui augmentent l'anxiété et génèrent d'autres problèmes). La résilience n'est pas soit/soit. La résilience n'est pas seulement un système dynamique de signaux interactifs entre le cerveau et le corps qui nous protègent tel un processus de survie en venant à notre secours dans les moments difficiles. C'est aussi une prise de conscience quotidienne, une énergie et la capacité de surmonter rapidement une difficulté que nous devons cultiver et renforcer.

Vous ne serez pas surpris si je vous dis que l'anxiété peut fragiliser la résilience. L'hypervigilance chronique, la fureur, la colère et une inquiétude récurrente nous anéantissent physiquement, émotionnellement et spirituellement, nous prennent toutes nos forces, notre courage, détruisent notre immunité et épuisent nos réserves émotionnelles et physiques. Or comme nous l'avons vu, lorsque nous prenons en considération le signal que l'anxiété nous envoie, nous pouvons nous protéger, nous mettre en sécurité, nous entourer de personnes de confiance et trouver la force de nous débarrasser de celles et ceux qui nous font du mal. La résilience peut être un choix conscient et délibéré.

Mais le véritable pouvoir de la résilience est qu'elle émane de notre panoplie personnelle de succès et d'échecs enregistrés tout au long de notre vie. La résilience dépend aussi des stratégies de *coping* adaptées, celles sur lesquelles nous savons que nous pouvons compter pour nous sortir des moments difficiles et des situations critiques qui génèrent de l'anxiété. En vérité, cher lecteur, la résilience est, en termes d'outils, ce que l'anxiété pouvait nous offrir de mieux au quotidien, à savoir donner à chacun le pouvoir de développer la résilience qui lui est propre et en faire une ressource inépuisable. L'anxiété nous aide à refaire le plein de résilience ; elle tire la sonnette d'alarme pour nous dire qu'il est temps de nous reconstruire et de prendre soin de nous, ce que les neuroscientifiques appellent « l'inoculation » au stress[13].

Stress et résilience, une situation inextricable

Le stress et la résilience sont aussi indissociables que le yin et le yang. L'Association américaine de psychologie définit la résilience comme étant « le processus d'adaptation face à l'adversité, un traumatisme, une tragédie, des menaces ou des sources de stress considérables[14] ». Par définition, la résilience n'existerait pas s'il n'y avait pas de défis à relever, de stress ou de difficultés à surmonter dans la vie. Sur le plan neurobiologique, la résilience résulte de notre gestion du stress au quotidien, mais aussi tout au long de notre vie. En 1915, Walter Bradford Cannon[15] fut le premier à donner une définition de la résilience : « La résilience est la réponse viscérale la mieux adaptée à un stimulus ». Dans le laboratoire qu'il occupait à la faculté de médecine de l'université de Harvard, le physiologiste américain observa comment réagit le corps lorsqu'il est confronté à des facteurs de stress comme la faim, le froid, une activité physique ou une émotion forte, ce qui lui vaudra d'être le premier à identifier la réponse « combattre ou fuir » face à un stress. C'est encore lui qui, quelques années plus tard, utilisa pour la première fois le terme « homéostasie » pour décrire un « état d'équilibre dynamique » que le corps essaie de maintenir.

Inutile de préciser que la recherche a beaucoup progressé depuis le début des années 1900 et que nous en savons beaucoup plus aujourd'hui sur les réponses à un stress. Pour simplifier au maximum les choses, retenons que la réponse à un stress emprunte deux voies principales qui correspondent à deux phases distinctes.

La première est celle dont je vous ai parlé au chapitre 1 (illustration page 37), qui implique l'activation du système nerveux sympathique (autonome) « combattre ou fuir ». Rappelez-vous, elle se produit lorsque le cerveau/corps se met en alerte et en état de vigilance, qu'il évalue si la menace est réelle ou potentielle et déclenche une série en cascade de changements physiologiques : mobilisation de l'énergie, changements métaboliques, stimulation du système immunitaire et mise en veille des systèmes digestif et reproducteur.

La seconde phase est plus lente et dure plus longtemps, l'élément le plus marquant étant la libération de cortisol, « hormone du stress » via l'axe HHS (axe hypothalamo-hypophyso-surrénalien). En plus du cortisol, plusieurs autres hormones au rôle majeur sont libérées – libération qui, nous le savons aujourd'hui, coïncide avec la libération d'un large réseau de neurotransmetteurs qui participent également à la réponse à un stress. Le neuropeptide Y, ou NPY comme on l'appelle, est un neurotransmetteur dont vous n'avez probablement jamais entendu parler, qui neutralise les effets du cortisol. La galanine compte elle aussi parmi les neurotransmetteurs qui diminuent l'anxiété. La libération de dopamine dans les zones cérébrales du circuit de la récompense est réduite par le stress et l'anxiété. La sérotonine entretient une relation complexe avec le stress et l'anxiété, avec des réponses au stress plus fortes lorsqu'elle est libérée dans certaines zones du cerveau et plus faibles lorsqu'elle est libérée dans d'autres.

Des chercheurs ont axé leurs recherches sur la charge ou la surcharge allostatique afin de comprendre comment réagissent les différents systèmes physiologiques en présence de facteurs de stress. Quelle que soit la terminologie utilisée, les chercheurs sont unanimes pour dire que le stress physique et psychologique est traité par un ensemble de circuits cérébraux complexes et interactifs. Quelquefois, la charge/surcharge est parfaitement gérée et un équilibre est atteint (homéostasie) ; d'autres fois, c'est elle qui l'emporte.

Ce que nous savons aujourd'hui sur la manière dont la résilience se développe ou, au contraire, faiblit, nous le devons en grande partie à des études menées sur des troubles extrêmes, comme les troubles du stress post-traumatique (TSPT), ou des traumatismes. Des travaux portant sur des traumatismes vécus durant la petite enfance révèlent souvent la présence d'un axe sympathique-adrénal-médullaire (SAM) particulièrement sensible, ainsi qu'une amygdale plus grosse et un hippocampe plus petit que la normale. L'amygdale est la partie du cerveau qui détecte une menace, l'hippocampe est quant à lui la partie du cerveau qui joue un rôle majeur dans notre capacité à transformer les souvenirs à court terme en souvenirs à long terme et à les stocker, un processus essentiel pour évaluer une menace. Par conséquent, chez une personne, plus l'hippocampe est petit, moins elle est apte à évaluer une menace. Ces différences anatomiques observées chez des sujets ayant vécu un traumatisme durant l'enfance l'ont également été chez les personnes souffrant de TSPT. Qui plus est, ces observations ont été confirmées par des études très poussées menées sur des singes, y compris des singes vivant à l'état sauvage, qui ont révélé que les mâles qui sont au plus bas de la hiérarchie, et par conséquent qui ont le moins de choix dès lors qu'ils doivent se nourrir ou s'accoupler, montrent des signes d'un stress chronique, y compris un hippocampe de petite taille[16].

Si une multitude de questions sont toujours sans réponse, nous avons énormément progressé dans notre compréhension d'un certain nombre de facteurs biologiques, psychologiques et environnementaux, qui soit font basculer certains sujets vulnérables dans une dépression/une anxiété/des troubles du stress post-traumatique chroniques, soit permettent à d'autres de résister à une souffrance, aussi grande soit-elle, à surmonter une expérience douloureuse et à retrouver une sensation de bien-être. Les chercheurs qui ne comptent pas s'arrêter là ont, par ailleurs, découvert que les différences psychobiologiques qui semblent favoriser une résilience particulièrement développée chez certains sujets seraient dues à leur patrimoine génétique (neurochimie). Par exemple, les personnes chez lesquelles la libération de dopamine – l'un des principaux neurotransmetteurs du système nerveux central impliqués dans la modulation du circuit de la récompense – est irrégulière sont plus touchées par l'anxiété, la dépression et plus enclines aux addictions. Les facteurs épigénétiques, notamment les répercussions que le mode de vie d'un individu peut avoir sur ses fonctions cérébrales, peuvent également favoriser l'apparition et le développement d'une anxiété et diminuer la résilience psychologique et physique. Un système immunitaire affaibli ou déprimé est un autre exemple d'une résilience physique amoindrie, qui peut également avoir des répercussions psychologiques. Par exemple, on enregistre un nombre de dépressions plus élevé chez les personnes souffrant de troubles auto-immuns, comme la fibromyalgie. En effet, les personnes ayant un système immunitaire déprimé ont plus de mal à chasser leurs idées noires.

Une fois encore, les études menées sur la résilience sont toutes corrélées à un traumatisme ou à des mauvais traitements. Or lorsque nous nous interrogeons – comment se fait-il qu'après un échec, certaines personnes rebondissent plus vite que d'autres ? Comment expliquer que certains individus qui ont vécu une tragédie ou un traumatisme, notamment dans la petite enfance, souffrent plus sur le long terme (troubles de l'anxiété, trouble panique et troubles du stress post-traumatique) que d'autres ? –, nous observons (ce que les chercheurs ont commencé à faire) que les caractéristiques de la résilience devraient non seulement nous aider à mieux surmonter un événement tragique, un décès ou toute autre forme de traumatisme, mais aussi à semer les graines de la résilience afin d'en récolter les fruits le moment voulu. Si la médecine préventive a pour but de nous protéger de la maladie et de nous aider à bien vieillir, développer notre résilience avant que nous n'en ayons besoin n'est pas seulement une mesure de sécurité, mais une manière de mener une vie plus saine et plus équilibrée.

Les scientifiques ont également essayé d'isoler les facteurs biologiques typiques de la résilience. Par exemple, des études ont montré un lien entre un taux élevé de NPY et une plus grande résilience, le NPY ayant des effets calmants qui neutralisent les effets du cortisol qui favorise l'anxiété. D'autres études ont révélé que les soldats qui arrivent à surmonter des événements traumatisants et ne développent pas des TSPT sévères ont tendance à avoir un taux de NPY plus élevé que la normale. Or pour que la réponse à un stress soit optimale, les taux de cortisol et de NPY doivent être équilibrés. En effet, trop ou trop peu de NPY ou trop ou trop peu de cortisol et c'est tout l'équilibre (homéostasie) qui est perturbé. On sait, par ailleurs, que l'abrineurine, facteur neurotrophique dérivé du cerveau (ou BDNF, de l'anglais *brain-derived neurotrophic factor*), qui joue un rôle crucial dans le développement et le fonctionnement de l'hippocampe, dans la mémoire à long terme et qui est stimulé par la pratique d'une activité physique régulière, est également impliquée dans la résilience[17].

Stress toxique, traumatisme et résilience

Il est scientifiquement prouvé que les expériences douloureuses vécues durant l'enfance, y compris les maltraitances, peuvent favoriser l'apparition de nombreux problèmes psychologiques et sociaux susceptibles de s'aggraver au fil du temps. Les enfants qui ont subi des sévices ont plus de risques de souffrir de troubles du stress post-traumatique[18], d'anxiété[19], de dépression[20], d'avoir recours à l'alcool ou aux drogues[21] et d'avoir un comportement anti-social[22]. Les études portant sur le système neuroendocrinien en particulier ont montré que des expériences douloureuses vécues durant l'enfance peuvent altérer les fonctions de l'axe hypothalamo-hypophyso-surrénalien (axe HHS) et, par-delà, favoriser une plus grande fragilité face à des facteurs de stress environnementaux tels que la pollution de l'air ou le manque de nourriture[23]. D'autres travaux ont mis en évidence des différences au niveau de la structure même du cerveau, liées à des sévices subis durant l'enfance[24 25].

Au Centre du développement de l'enfant de la Chan School of Public Health à l'université Harvard[26], le Dr Jack Shonkoff se consacre depuis de nombreuses années à la recherche sur la résilience. Ce pédiatre de renom a défini trois types de réponse face à un stress : une réponse positive, tolérable ou toxique. Ces qualificatifs font référence aux effets sur le corps de la réponse à un stress et non à l'événement ou à l'expérience vécus.

- **Réponse positive à un stress :** capacités biopsychosociales naturelles qui nous permettent de surmonter les facteurs de stress du quotidien. En effet, une réponse positive au stress s'apparente aux répercussions d'une bonne anxiété sur notre organisme – une accélération temporaire du rythme cardiaque et une légère augmentation de la sécrétion et de la libération de certaines hormones.
- **Réponse tolérable à un stress :** caractérisée par une activation du système d'alarme interne provoquée par un facteur qui fait peur ou un danger, la disparition d'un être cher, une rupture amoureuse ou un divorce. Confronté à un stress intense, le cerveau/corps peut compenser les effets en prenant soin de lui de manière consciente et en cherchant où trouver du réconfort (voir ci-dessous). Pour ce faire, il est primordial que le facteur de résilience de la personne soit suffisamment stable pour qu'elle puisse rebondir.

Si, par exemple, une personne est confrontée à un problème grave, mais que son facteur de résilience est faible, il lui sera plus difficile de se reconstruire et de remonter la pente.

- **Réponse toxique à un stress :** se produit lorsqu'un enfant ou un adulte est, ou a été durant une longue période, confronté à une situation extrêmement difficile – pauvreté, manque de soins, sévices physiques et émotionnels, maltraitance, violence – et n'a reçu aucun soutien. Une activation prolongée de ce type de stress peut non seulement perturber le développement de l'architecture cérébrale et d'autres organes de l'enfant, mais aussi perdurer durant sa vie d'adulte, le privant de toute faculté à gérer un stress, quel qu'il soit.

Lorsqu'une réponse intense à un stress est permanente ou est déclenchée par une multitude de facteurs, les conséquences négatives sur la santé physique et mentale peuvent être nombreuses, et ce tout au long de la vie. Plus un enfant est exposé à des expériences douloureuses, plus il risque d'avoir un retard global du comportement, mais aussi des problèmes de santé durant l'adolescence et à l'âge adulte : maladie cardiaque, diabète, addiction et dépression. Le stress toxique favorise les troubles de l'anxiété, les comportements agressifs, un manque de flexibilité cognitive et un QI inférieur à la normale[27]. D'autres chercheurs ont découvert une relation entre un stress non réel, mais ressenti sur le long terme et un volume réduit de l'hippocampe, avec pour conséquences une plus grande vulnérabilité de cette structure face à l'anxiété, un déclin cognitif lié au vieillissement, mais aussi nombre de problèmes de santé – diabète, trouble panique, maladie de Cushing et TSPT[28]. Comme nous l'avons vu, l'hippocampe est une structure du cerveau très fortement impliquée dans l'élaboration et le stockage des souvenirs. L'hippocampe est aussi l'une des structures cérébrales les plus impliquées dans le vieillissement et la démence, notamment la maladie d'Alzheimer. Un stress prolongé a non seulement un effet délétère sur notre capacité à former et retenir de nouveaux souvenirs, mais il peut aussi littéralement endommager les cellules de l'hippocampe, qui deviennent alors plus petites et accélèrent un déclin cognitif lié à l'âge – le stress chronique temporaire ou continu étant l'un comme l'autre délétères.

Inoculation au stress et développement de stratégies de *coping* actives

Souvenez-vous, au chapitre 3, nous avons vu que notre première ligne de défense en termes de gestion d'un stress – quel qu'il soit – est la mise en place de stratégies de *coping*. Ces stratégies nous permettent de mesurer notre capacité à gérer un stress. Qu'elles soient adaptées (salutaires) ou inadaptées (délétères) en dit long sur notre capacité de résilience. Certains neurobiologistes portent un autre regard sur ces stratégies de *coping*. Ce sont eux qui ont introduit la notion de réponses de *coping* actif ou passif. Les réponses de *coping* actif sont « les efforts délibérés d'une personne pour minimiser les effets nocifs physiques, psychologiques et sociaux d'un facteur de stress », ce qui implique une prise de « contrôle » sur le facteur de stress. On parle de *coping* passif, qui se traduit par l'évitement ou une « impuissance acquise »[29], lorsqu'une personne fuit une situation de stress, mais évite également de développer sa résilience face au facteur de stress et devient, de ce fait, d'une part plus vulnérable face à un stress, quel qu'il soit, et d'autre part, moins résiliente.

Des études menées sur le stress subi durant l'enfance ont montré qu'être exposé dès son plus jeune âge à des situations stressantes (par exemple, une guerre ou une maltraitance) peut conduire à ce que les scientifiques appellent « impuissance acquise »[30]. Concrètement, l'enfant comprend que quoi qu'il fasse, rien ne changera. Un constat qui favorise le développement de troubles sur le long terme, y compris des troubles du stress post-traumatique et une dépression. Les conséquences négatives sur le long terme de l'impuissance acquise ont été largement étudiées chez les rongeurs. Les chercheurs ont notamment découvert que si vous exposez des rats au même nombre de situations stressantes et si vous leur donnez la possibilité de supprimer, d'éviter, de fuir ou de contrôler un facteur de stress (c'est-à-dire d'utiliser une stratégie de *coping* active), non seulement les rats ne développent aucun symptôme de TSPT ou autre trouble, mais ils font preuve d'une résilience supérieure à la normale lorsqu'ils sont de nouveau exposés à des facteurs de stress. Ce mécanisme auquel les chercheurs ont donné le nom d'inoculation au stress a été étudié et vérifié non seulement chez d'autres rongeurs, mais aussi chez les singes et les humains[31].

Ce que nous apprend le principe de l'inoculation au stress, c'est que nous sommes tous nés avec à notre disposition des outils pour nous sortir de situations générant un stress et/ou de l'anxiété. Pour être tout à fait claire, les situations sources d'anxiété induisent une réponse face au stress, mais le fait de vivre une situation stressante vous permet de développer des défenses qui vous aideront à faire face à une situation de stress à venir. C'est comme si vous vous montriez à vous-même que vous POUVEZ survivre à un stress. Plus tôt vous ressentez de l'anxiété et apprenez à gérer un stress, mieux vous saurez le faire lorsque vous serez confronté à un autre facteur de stress. D'une certaine manière, vous devez profiter de la moindre situation générant un stress pour vous entraîner, tout en gardant à l'esprit que vous avez à votre disposition des options et des outils pour transformer une anxiété négative en une anxiété positive.

Lorsque j'ai compris que nous avions tout intérêt à nous servir de l'anxiété ressentie à un instant T pour être plus forts et affronter d'autres facteurs de stress, j'ai voulu créer une sorte de Fitbit pour les émotions. N'aimeriez-vous pas avoir à portée de la main un appareil qui ne compte pas le nombre de pas parcourus en une journée, mais qui évalue sur une échelle de 0 à 5 votre capacité à mettre fin, ou tout au moins à atténuer une situation stressante ? Je pense que vouloir atteindre la note de 5 pourrait être une super motivation pour celles et ceux qui luttent contre l'anxiété négative. Mais bon, dans la mesure où il n'y a pas encore de « Stressbit » sur le marché, entraînez-vous, notez tous les succès enregistrés et décernez-vous un 5 dès que vous obtenez de bons résultats, que vous arrivez à lutter et à surmonter un stress.

Développez votre résilience

Nombre d'études ont prouvé que nous pouvons activement développer notre résilience, voire parfois neutraliser les effets délétères d'un traumatisme sur les différentes zones et structures du cerveau/corps affectées par le stress. Aujourd'hui encore, les chercheurs tentent de découvrir l'impact négatif d'un stress prolongé. Ils observent également ce qui se passe lorsque des personnes parviennent à échapper ou résistent aux effets délétères du stress, et plus particulièrement ce qu'elles doivent faire pour être plus résilientes de manière à protéger leur cerveau et leur santé en général.

Après avoir passé au peigne fin une multitude d'études menées sur la résilience, une équipe de neuroscientifiques, dont le Dr Gang Wu[32], a mis en évidence un grand nombre de caractéristiques communes aux personnes très résilientes. Or, le plus surprenant, c'est que la plupart de ces caractéristiques correspondent aux super pouvoirs de l'anxiété :

1. Une vision optimiste (on parle aussi d'affect positif), qui a un effet positif sur l'humeur, diminue l'anxiété et fait que l'on se remet plus vite d'un traumatisme. S'il ne suffit pas de claquer des doigts pour être optimiste, on sait qu'il est toujours possible de s'améliorer au fil du temps. De plus, si l'on en croit nombre d'études, une attitude optimiste va de pair avec le bien-être physique et mental, une bonne santé physique et une vie sociale épanouie. Or un mode de pensée optimiste couplé à une ouverture d'esprit est la base pour développer le super pouvoir de l'état d'esprit militant (voir chapitre 5).

2. La flexibilité cognitive (ou flexibilité mentale) et la réévaluation sont deux aspects fondamentaux de la régulation émotionnelle qui peuvent s'acquérir, se développer pour finalement être utilisés comme une forme de résilience psychologique. Comme nous le verrons lorsque nous nous intéresserons à la manière dont le réseau de l'attention peut être détourné par l'anxiété (voir chapitre 6), la flexibilité cognitive nous permet de retenir notre attention, nous aide à nous concentrer et à résister aux échecs que l'on intériorise comme étant le reflet de qui l'on est. Cette vivacité cognitive nous permet de transformer l'anxiété négative en anxiété positive et devient une forme de résilience psychologique.

3. Le soutien social, qui consiste à rechercher des relations affectueuses et bienveillantes pour atténuer les effets délétères du stress, est en effet un super pouvoir de l'anxiété. L'importance des relations que nous entretenons, la capacité à éprouver de l'empathie et à faire preuve de compassion sont autant de protections contre l'anxiété et donc une forme de résilience.

4. L'humour, qui est une manière efficace de lutter contre l'anxiété et d'éliminer les tensions liées au stress, contribue au développement d'une résilience physique et psychologique.

5. La pratique d'une activité physique, essentielle pour la santé, le bon fonctionnement cerveau/corps et la gestion d'un stress physique et psychologique, est une source de résilience physiologique.

6. L'altruisme, ou ce que les scientifiques appellent « comportement prosocial », aide à reprendre pied après un traumatisme. Pour moi, l'altruisme est une extension de la compassion, ce super pouvoir qui nous permet de tisser des liens solides avec les autres, qui supprime l'anxiété et renforce la résilience émotionnelle.

7. La pleine conscience est une pratique consciente comme son nom l'indique. La méditation et le yoga sont des pratiques de pleine conscience. La pleine conscience écarte les stratégies de *coping* négatif telles que la consommation excessive d'alcool en réponse à un stress, ce qui nous fait dire qu'elle nous protège de l'anxiété et de la dépression et nous aide à devenir plus résilients.

Dans la mesure où nous ne pouvons échapper au stress, nous devons vivre avec. En fait, le stress est ce qui nous oblige à nous adapter, à apprendre et à évoluer en tant qu'individus, mais aussi en tant qu'espèce. Et même si cela semble être un cliché, n'oublions jamais que dans la vie, nous tirons les plus grands enseignements des défis que nous devons affronter et de la manière dont nous les relevons. Mais ce que nous devons absolument retenir, c'est que la résilience ne vient pas seulement de la confiance en nous que l'on acquiert lorsque nous remportons un succès, mais surtout de notre capacité à survivre, à nous adapter, à nous relever et à avancer après un échec ou une expérience douloureuse. Il faut l'un et l'autre pour développer sa résilience, il faut traverser des moments difficiles pour savoir que l'on peut les surmonter.

Quel que soit notre degré de résilience, nous serons toujours confrontés à des expériences pour le définir. Je l'ai compris pour l'avoir vécu et c'est ce que je vais vous raconter maintenant.

Mon histoire

Je me souviens de ce jour comme si c'était hier. C'était en mai. Un lundi matin. L'air était frais et le temps couvert. Rentrée la veille du Minnesota, j'étais ravie de me retrouver chez moi à New York. La semaine avait été longue. J'avais donné trois conférences, mais, heureusement, durant le week-end, je m'étais rendue dans l'un des plus grands festivals de poterie de la région, ce qui m'avait fait le plus grand bien. Comme tous les matins, j'ai fait une séance de méditation, essayant de me recentrer sur moi-même tout en dégustant mon thé avant de me lancer dans la relecture et la correction du premier chapitre de ce livre.

Le semestre de printemps[33] tirait à sa fin et j'étais débordée : je devais assurer les dernières sessions de travaux pratiques avec les étudiants en neurosciences de dernière année, me préparer à présider les examens de titularisation de plusieurs enseignants, écrire des articles, superviser le travail de recherche de mon équipe et, plus urgent, peaufiner le discours que le doyen de la faculté m'avait demandé de prononcer lors de la remise des diplômes aux étudiants du College of Arts and Sciences de l'université de New York qui allait se tenir dans quelques jours au Radio City Music Hall. On m'impose souvent des dates butoirs et j'essaie de les respecter en travaillant sans relâche et en utilisant mon stress à bon escient. J'avais presque terminé mon discours, l'année universitaire tirait à sa fin et j'allais enfin avoir du temps devant moi pour passer aux choses sérieuses et me consacrer entièrement aux recherches qui allaient me donner toute la matière pour écrire mon deuxième livre.

C'est alors que s'est produit l'improbable.

À 6 h 30 du matin, mon téléphone portable a sonné. Au bout du fil, le collègue de mon frère qui habitait Shanghaï m'a annoncé que David – mon unique frère, de quelques années plus jeune que moi – venait de faire une crise cardiaque. Mon frère était décédé, alors qu'il était sur le point de fêter ses 51 ans.

David était un homme d'affaires, un investisseur qui avait un fort esprit d'entreprise. Il vivait à Shanghaï où il avait créé sa société. Au cours des dernières années, il n'avait cessé de faire des allers-retours entre l'Asie et la Californie, où il venait passer du bon temps avec sa famille. J'avais vu mon frère trois mois plus tôt lorsque nous nous étions rendus ensemble sur la côte ouest pour être auprès de notre mère lorsque notre père était décédé. Les dernières années de sa vie, mon père avait souffert de démence et sa mort (d'une crise cardiaque), aussi douloureuse fût-elle, était prévisible. Je le savais et je m'étais préparée à ce qui allait se passer lorsque papa nous quitterait. Mais David ? Je n'avais jamais pensé qu'il puisse mourir aussi jeune.

Dans les heures qui ont suivi l'annonce du décès de mon frère, j'ai eu l'impression d'être dans un autre monde, en dehors de la réalité. Tout s'est écroulé d'un seul coup et même si rien ne semblait avoir changé, je savais au fond de moi que rien ne serait plus jamais comme avant. Comment peut-on perdre la personne que l'on pensait toujours avoir à ses côtés ? Au cours des dernières années, nous avions été soudés l'un à l'autre. Nous nous étions rapprochés et organisés pour veiller sur nos parents. David s'occupait des finances et moi de tout ce qui était lié au médical. Nous étions fiers d'œuvrer côte à côte et de mener à bien la plus belle des missions qui nous était confiée : veiller et prendre soin des personnes que nous aimions le plus.

Je savais pertinemment que j'étais en état de choc. Le simple fait d'écrire ces lignes me replonge dans l'état dans lequel j'étais alors : le cœur qui bat la chamade, les mains moites et la sensation d'être dans le brouillard le plus complet. La seule chose qui pouvait encore me faire avancer était de penser à ma mère, à ma belle-sœur et à ma nièce. Ma mère était la seule à ne pas être encore au courant. Comment allais-je pouvoir annoncer à ma mère que son fils était mort ?

Intuitivement, je savais que je ne pouvais pas le lui dire au téléphone. Ni elle ni moi ne nous étions encore remises du décès de mon père. J'ai donc pris un billet d'avion et je me suis envolée pour la Californie. Je tenais à lui annoncer la disparition de mon frère de vive voix. Croyez-moi, ce fut pour moi le pire des voyages en avion.

Avec le recul, je sais que j'ai pris la bonne décision car, à ce moment-là, ma mère était la personne dont j'avais le plus besoin et je savais que c'était réciproque. Après avoir parlé à ma mère, je me suis installée à la table à manger familiale et j'ai appelé ma belle-sœur, qui était sur la côte ouest, pour lui demander si elle voulait que ma mère et moi venions pour être auprès d'elle et de ma nièce. Ma belle-sœur m'a remerciée, mais m'a dit que ça allait. Je lui ai demandé si je pouvais faire quelque chose pour elle et sa fille. Elle m'a assuré qu'elles allaient aussi bien que possible. Les jours qui ont suivi, nous sommes restées en contact, nous nous soutenions et nous nous rassurions l'une et l'autre en nous disant que nous allions bien.

Durant la semaine qui suivit, je suis restée auprès de ma mère. Nos amis et les membres de notre famille venaient nous présenter leurs condoléances, nous soutenir et nous apporter de la nourriture – tellement que nous ne savions plus qu'en faire. Nous ne savions jamais ni qui allait venir ou téléphoner ni comment ça se passerait. Certaines personnes, après nous avoir parlé au téléphone, éclataient en sanglots, incapables de contrôler leur propre chagrin alors qu'elles étaient censées nous apporter du réconfort. D'autres nous envoyaient des e-mails pleins de tendresse. Certaines se remémoraient des souvenirs : David enfant qui courait partout et prenait des risques. D'autres essayaient tant bien que mal de nous distraire. Mais la visite qui me fit le plus de bien fut celle d'un cousin qui, après s'être assis, nous montra les photos de ses derniers séjours à l'étranger. Et vous savez quoi ? Je pense que c'est ce qui nous changea le plus les idées à ma mère et à moi. Pas une fois, mon cousin ne parla de mon frère. Les mots étaient inutiles. Nous savions tous ce que nous ressentions et c'est incroyable comme nous concentrer sur de gigantesques chopes de bière dans un jardin en Allemagne et des mets japonais dans des restaurants de Tokyo nous fit du bien.

Lorsque je suis rentrée chez moi à New York après avoir passé une semaine entière avec ma mère, j'ai eu l'impression que ma vie s'arrêtait. Après une période d'extrême anxiété, j'ai sombré dans une profonde dépression. J'ai fait part du décès de mon frère à quelques rares personnes et me suis bien gardée de publier quoi que ce soit sur les réseaux sociaux, comme si le simple fait de poster un message serait la preuve irréfutable qu'il nous avait quittés. Je me souviens qu'un jour, en sortant de ma douche, nue, perdue et vulnérable, j'ai eu l'impression d'être terrassée par une profonde tristesse ayant la force et la violence d'un tsunami.

Je savais pertinemment que je n'étais pas la première personne à être confrontée à une mort brutale et imprévisible, mais j'étais atterrée par cette violence dévastatrice. Je me souviens être passée par des phases de calme et de chagrin entrecoupées de périodes plus longues de profonde tristesse lorsque je pensais à mon frère.

Cet été-là fut triste et morose.

Puis j'ai dû écrire l'oraison funèbre pour les obsèques de mon frère. Jamais je n'avais eu à faire quelque chose d'aussi difficile. Ce fut d'autant plus pénible pour moi que je me suis alors souvenu que, trois mois plus tôt, alors que mon frère et moi organisions l'enterrement de mon père, j'avais été incapable de prendre la parole car trop choquée. Mon frère s'en était chargé et avait écrit une oraison qui correspondait parfaitement à mon père. Des mots touchants qui venaient du fond du cœur. David avait raconté une histoire que je n'avais jamais entendue auparavant, montrant l'optimisme inépuisable de mon père et attestant de sa présence réconfortante, bienveillante et aimante auprès des siens.

Cette fois, les choses étaient différentes. Je n'avais plus David sur qui m'appuyer. Mon frère avait un nombre incalculable d'amis, certaines rencontres remontant à l'école primaire, et nous avons dû faire un choix et nous limiter à deux cents amis et membres de la famille, même si d'autres auraient bien voulu participer à ce que nous avions appelé l'« Hommage à la vie » de David. Je voulais dire des choses à l'image de mon frère, faire ressortir son côté pitre, son côté famille, son côté convivial avec sa kyrielle d'amis ; je voulais aussi parler du choc terrible que nous éprouvions tous, à la suite de sa disparition. Je ne savais pas si j'allais être capable d'écrire tout cela noir sur blanc. Je n'avais jamais fait ce genre de chose. Et si j'arrivais à écrire, est-ce que je parviendrais à lire en public mon texte sans fondre en larmes ? Allais-je pouvoir le lire jusqu'au bout ? J'avais peur et j'étais terriblement angoissée.

Ce qui, durant cette période difficile, m'a vraiment aidée, c'est la méditation du thé. Tous les jours pendant le mois qui précéda la cérémonie, je m'asseyais le matin pour méditer en essayant de ne pas penser au discours que je devais écrire. Or ces séances de méditation chassaient les idées parasites et me laissaient la place dont j'avais besoin pour trier et organiser mes pensées, même si au fond de moi je savais ce que je voulais dire. J'avais juste besoin d'éloigner la peur, l'anxiété et la tristesse qui m'empêchaient d'avoir les idées claires. Je savais aussi – était-ce une prémonition ? – que j'avais besoin de comprendre ce qui m'arrivait non seulement pour surmonter mon chagrin, mais aussi pour donner un sens à cette tragédie. Je pense que j'essayais ni plus ni moins de transformer ces obstacles pour en faire des outils qui allaient m'aider à aller de l'avant.

La première chose qui m'est venue à l'esprit, c'est la semaine que j'avais passée avec mon frère à Shanghaï l'année précédente. À l'époque, j'avais regretté de ne pas être venue plus tôt et plus souvent. Or, malgré cela, nous n'avions rien changé à nos habitudes et nous n'avions pas passé plus de temps ensemble. Je réalisais aussi combien je l'aimais même si je ne le lui avais jamais dit. Après une séance de méditation, ces pensées semblaient ancrées en moi, à tel point que lorsque je me suis assise à la table de la salle à manger devant mon ordinateur portable pour écrire l'oraison, les mots sont sortis tout seuls, avec une facilité que je n'aurais jamais imaginée.

Le jour où mon frère aurait dû célébrer son 51e anniversaire, je lui ai dit tous les mots que j'aurais voulu lui dire s'il avait été vivant. Des mots d'amour, de bienveillance, des mots sortis tout droit de mon cœur. Toute la journée, j'ai eu l'impression qu'il était avec nous. J'ai donné des centaines, voire des milliers de conférences dans ma vie, mais ce discours est incontestablement celui qui a eu le plus de sens pour moi et je n'oublierai jamais ce que j'ai dit. Je savais qu'à la suite de cette double peine qu'était la disparition de mon père et de mon frère, j'allais avoir besoin de temps pour me « relever », mais le fait de prononcer cette oraison fut une étape importante dans le processus de reconstruction qui se poursuit aujourd'hui encore. J'ai aussi compris que le chagrin et l'anxiété m'avaient permis de trouver les mots pour exprimer non seulement l'amour que je portais à mon frère, mais aussi l'amour que toute ma famille avait pour lui. En partie grâce au terrible chagrin qui était le mien, j'ai pu lire mon texte jusqu'au bout et dire ces choses amusantes, profondes et uniques qui caractérisaient si bien mon frère.

Il m'arrive encore d'être étonnée d'avoir réussi à le faire vu l'état dans lequel je me trouvais à ce moment-là. Ce fut probablement l'illustration la plus probante de ma résilience. S'il fut un moment où j'ai dû puiser toutes les forces qui étaient en moi, passer outre mes émotions et avancer, c'est bien celui-là.

Avec le recul, je comprends que j'ai alors utilisé l'un de mes super pouvoirs. En effet, mon chagrin, aussi profond soit-il, mon anxiété et ma tristesse ont fait place à ma résilience. Mais d'où est venue cette résilience ? En partie de mes séances de méditation qui, tous les matins, me donnaient l'occasion de vivre le moment présent et m'apportaient du réconfort. Un moment de répit tellement salutaire. Ce qui m'a également aidée, c'est la sensation d'émerveillement qui m'envahit. Quelques jours après le décès de mon frère, j'ai pris pleinement conscience que, moi, j'étais en vie. J'ai compris qu'à la différence de mon frère, j'avais une chance incroyable de pouvoir vivre, profiter du monde, des gens et des choses qui me rendent heureuse. Le plus difficile pour moi fut de surmonter le terrible sentiment de culpabilité qui montait en moi lorsque je me disais que je n'avais pas fait suffisamment de choses pour lui ou avec lui. Je n'avais pas été la sœur rêvée. Je ne lui donnais pas assez souvent de nouvelles. Je m'étais aperçue trop tard des qualités qui étaient les siennes (cette idée m'obsède). Je m'étais dit que je pourrais peut-être exprimer tout ce que je ressentais et pensais dans l'oraison – le dire haut et fort pour que le monde entier l'entende. C'était l'enseignement que je pouvais tirer de la disparition de mon unique frère. J'ai aussi ressenti la nécessité absolue de mieux apprécier la vie qui était la mienne, notamment les gens qui m'entourent.

Je sais que je ne suis pas la seule à avoir connu la perte d'un être cher, à ressentir du chagrin et à avoir le cœur déchiré. Nous passons tous par des moments difficiles, mais les hommes sont une espèce résiliente même si nombre d'entre nous l'ignorent. C'est la disparition de mon frère qui m'a fait prendre conscience de ma résilience et je sais aussi que si j'ai eu besoin de cette résilience pour écrire et prononcer l'oraison, j'en aurai aussi besoin tout au long de ma vie.

Au cours des semaines et des mois qui ont suivi le décès de mon frère, j'ai été surprise de voir que je pouvais continuer à vivre. J'ai commencé à faire des recherches sur le chagrin et j'ai découvert que le chagrin allait de pair non seulement avec la dépression, mais aussi avec l'anxiété – l'anxiété négative dont je ne cesse de vous parler. J'ai aussi compris que le processus de résilience se mettait en marche. Alors que l'été tirait à sa fin, même si je portais encore le deuil de mon père et de mon frère, j'ai connu des moments d'espoir et j'ai retrouvé mon optimisme. Le matin, j'arrivais à me lever, prête à m'attaquer à ma *to-do list*. J'ai eu envie (et j'ai ressenti le besoin) de voir mes amis les plus proches. J'ai voulu me consacrer de nouveau à mes recherches et mener à bien tous les projets que j'avais laissé tomber. J'ai voulu collecter toutes les données sur lesquelles j'allais m'appuyer pour écrire ce livre. En fait, l'anxiété que je ressentais de ne pas avoir terminé mon travail à temps, la peur de faire fausse route avec ce livre et même la mauvaise image que j'avais de mon corps ont été des facteurs de motivation. Puis-je parler de combat ? Bien sûr que oui. Ça n'a pas été facile. Mais je savais aussi que mon anxiété allait me guider afin que je me concentre sur ce qui a du sens dans ma vie. J'ai continué mon chemin et c'est là que se trouvent la complexité et le mystère de la résilience humaine.

Je me souviens en particulier d'un cours de gym pendant cette période. Phoenix, la prof qui ce jour-là assurait le cours, nous a expliqué les bienfaits sur le corps et sur l'esprit d'une séance de sport lorsque l'on repousse ses limites et que l'on va au bout du bout. Elle conclut son discours par ces mots : « Plus forte est la douleur et plus grande est la sagesse. »

J'ai pris cette phrase en pleine figure. C'était comme si une photo en noir et blanc devenait soudain une photo aux couleurs vives et éclatantes. En un instant, j'ai pris conscience de la sagesse qui peut naître d'une douleur intense. J'ai compris que la détresse physique et émotionnelle qui m'habitait depuis les deux événements tragiques que j'avais vécus était tout simplement une forme d'anxiété différente de ce que j'avais connu jusqu'alors. C'était comme si l'on me disait : « allez, avance », « vas-y », « tu peux le faire ». Je ne faisais que mettre en application ce que les neuroscientifiques avaient mis en évidence grâce à leurs recherches : l'anxiété peut nous stimuler et nous pousser à changer et à nous adapter. Je découvrais aussi qu'un événement aussi terrible que celui que je venais de vivre pouvait m'inciter à aller de l'avant.

En peu de temps, j'avais appris beaucoup de choses et j'avais su faire preuve de résilience, comme le montrait le texte que j'avais écrit et le processus de reconstruction que j'avais entamé. Mais surtout, j'avais découvert un amour plus profond encore que tout ce que j'avais pu imaginer, pour ma famille, mes amis, ceux qui croyaient en moi et me soutenaient, et une soif intarissable de profiter de la vie. Passer du noir et blanc au Technicolor – cette prise de conscience, cette réévaluation et cette gratitude à l'égard de tout ce qui m'est cher – m'a montré toutes ces belles choses qui font partie de ma vie.

Ma résilience n'est pas due uniquement au fait que j'ai survécu à la disparition de mon père et de mon frère, mais aussi au fait que j'ai pu m'adapter et tirer des enseignements d'un épisode tragique. J'ai compris ce que sont l'anxiété et la résilience. J'ai compris que nous ne sommes pas obligés de lutter contre la douleur, le chagrin et l'anxiété, mais que nous pouvons nous servir de ces affects négatifs et les transformer pour devenir plus entiers, plus sages, plus forts et entreprendre des choses nouvelles et inattendues grâce à cette sagesse nouvellement acquise. Je ne me suis pas contentée de changer mon rapport à l'anxiété, j'ai découvert des ressources intérieures, une force qui nourrit désormais tous les aspects de ma vie. Je fais plus de choses, je ressens plus de choses, je crée plus de choses et j'aime plus. Je suis plus performante et je me sens mieux. Ma vie n'a jamais été aussi belle.

Qu'est-ce donc que la résilience ?

- De la ténacité lorsque l'on a l'impression de ne pas être en mesure d'atteindre ses objectifs.
- Du courage pour continuer, même lorsque l'on essuie une déception.
- De la persuasion : se dire qu'avec un peu d'effort, on peut toujours faire mieux.

- De la conviction : se répéter que l'on est important aux yeux des autres.
- Une ouverture d'esprit pour apprendre et réapprendre.
- Une énergie nécessaire pour persévérer.

J'ai toujours su que la résilience serait l'un des points essentiels de cet ouvrage, mais la disparition de deux êtres chers alors que je commençais à peine à écrire le premier chapitre a considérablement changé la trame du livre et la place que je pensais accorder à la résilience. Mon objectif premier était de faire comprendre au lecteur que l'on peut utiliser les « signaux d'alarme » de l'anxiété à bon escient et transformer une anxiété négative en une anxiété positive. Puis ce qui n'était qu'une idée théorique est devenue pour moi une mission. J'ai compris que si j'avais réussi à surmonter les obstacles qui s'étaient mis en travers de mon chemin, c'est parce que j'avais mis en pratique cette théorie et qu'il fallait à tout prix que vous en tiriez tous les enseignements pour améliorer votre vie au quotidien – que ce soit ne plus mettre aussi longtemps pour répondre au mail de votre patron ou surmonter un drame personnel.

Mon vœu le plus cher est que tous ceux qui sont en proie à l'anxiété utilisent les outils présentés dans ce livre pour développer leur résilience, résister à toute forme de stress et d'anxiété, petite ou grande, et rebondir. Qu'ils se servent de tous les enseignements et de la sagesse qui va de pair pour aller de l'avant, être plus forts, plus sages et mieux armés, comme je le suis aujourd'hui.

5

DÉVELOPPEZ UN ÉTAT D'ESPRIT MILITANT

À l'aube de mon quarantième anniversaire, je me suis pris un mur émotionnel en pleine face. J'avais passé les vingt dernières années à étudier, à faire de la recherche et à grimper les échelons universitaires et professionnels. Une gagnante née, telle était la description qui me caractérisait le mieux. Il ne restait plus rien de la petite fille qui avait grandi, subjuguée par les spectacles de Broadway. Plus rien de la jeune fille qui, lors d'un voyage en France, était tombée amoureuse de la langue, de la culture, de la gastronomie française et du vin. Plus rien de la jeune femme qui était tombée follement amoureuse d'un jeune musicien français. À quarante ans, après avoir passé la plus grande partie de ma vie d'adulte dans le milieu universitaire, j'étais tout ce que les autres ne voulaient pas être.

J'étais obsédée par le travail. Je ne m'autorisais pas une seule minute de repos, de détente. Je ne prenais jamais le temps de recharger mes batteries. Je n'aimais ni mon corps ni mon état d'esprit. J'avais la sensation d'être coupée du monde. Je ne communiquais qu'avec un nombre restreint de personnes, dont quelques rares amis qui n'habitaient pas New York. À cette époque, je n'étais proche ni de mes parents ni de mon frère. J'étais un paquet de nerfs. Angoissée, soucieuse, vidée. C'est en partie ce qui me poussait à travailler aussi dur – être productive et réussir était l'un de mes seuls plaisirs dans la vie, l'autre étant la nourriture, d'où les 13 kg en trop qui s'affichaient sur la balance. Et le pire dans tout ça, c'est que je continuais à faire semblant d'être « heureuse et pleine d'énergie ». Je refusais que l'on me voie comme une femme seule, sans amis. Je voulais que l'on me considère comme une femme débordante d'énergie, heureuse et active. Or présenter cette fausse image de moi ne fit qu'empirer les choses, m'angoisser un peu plus et me rendre encore plus seule que si j'avais donné libre cours à qui j'étais et à ce que je ressentais véritablement.

Que faire pour me sortir de cette situation ? Je n'en avais aucune idée. C'était comme si l'on m'avait demandé de pousser un éléphant pesant trois tonnes jusqu'au sommet d'une montagne. Un jour, j'ai décidé de prendre les choses en main et, en m'appuyant sur la science et une envie absolue de changer, j'ai commencé à faire de petits ajustements. Je me disais que si je me sentais mieux dans mon corps, je me sentirais probablement mieux dans ma tête. J'ai donc revu mon mode d'alimentation, j'ai notamment arrêté d'aller manger dans les restaurants new-yorkais que j'aime tant et ai supprimé de mes repas tout ce qui fait grossir. Puis, je me suis dit que j'allais pratiquer régulièrement une activité physique – encore fallait-il trouver celle qui me procurerait le plus de plaisir. Heureusement pour moi, j'habite une ville qui offre une multitude d'options. Après plusieurs essais, je me suis retrouvée dans un cours d'Intensati, savant mélange de yoga, de danse et d'aérobic. J'ai adoré ! Je n'arrivais plus à m'en passer. Et pour finir, je me suis tournée vers la méditation et, là encore, j'ai dû réfléchir à quand et comment intégrer cette pratique dans ma vie de tous les jours. Dire que du jour au lendemain, j'ai pratiqué quotidiennement la méditation serait mentir. J'ai testé diverses applications, j'ai assisté à des séances de méditation et j'ai aussi pratiqué toute seule. Progressivement, j'ai trouvé comment méditer – en fait, il n'y a pas une recette universelle, c'est à chacun de trouver celle qui lui convient. Et s'il n'y a pas une unique manière de méditer, il n'y a pas non plus une bonne ou une mauvaise.

J'ai observé attentivement la manière dont je réagissais à ces différents stimuli et j'ai noté les résultats, et ce en temps réel. Très rapidement, j'ai remarqué des changements : j'ai perdu mes kilos superflus, j'ai senti un regain d'énergie, d'où une image plus positive de mon corps. J'étais plus calme et j'arrivais mieux à fixer mon attention. Je dormais mieux la nuit, je m'accordais du temps pour me détendre et je ne travaillais plus tout le temps. Mais la transformation la plus significative fut un changement d'humeur radicale. J'étais aussi plus clémente à mon égard et portais un regard bienveillant sur ma vie.

J'ai pris du recul et ai essayé de comprendre et d'analyser ces changements comme s'ils ne me concernaient pas, moi, mais quelqu'un d'autre, ce qui a fait surgir différentes questions. Qu'est-ce qui fait qu'une personne qui rencontre des difficultés dans sa vie va apprendre et évoluer alors qu'une autre va se laisser abattre ? Qu'est-ce qui pousse un individu à affronter une situation particulièrement douloureuse et à tout faire pour s'en sortir, non seulement pour survivre, mais aussi pour aller mieux ? Qu'est-ce qui m'a incitée à surmonter cette sensation d'avoir raté ma vie et d'essayer d'en faire quelque chose ? Qu'est-ce qui m'a poussée à changer les choses, sans vraiment savoir où cela me mènerait ?

Je me suis toujours considérée comme une personne qui avait eu la chance de naître avec une curiosité naturelle quant au monde qui l'entoure (ce qui explique mon choix d'être à la fois enseignante et chercheuse). En fait, dans le domaine des sciences, les échecs sont des étapes décisives.

Dans un article intitulé *A Celebration of Failure* (littéralement, *Célébration de l'échec*[34]), Joseph Loscalzo, médecin et professeur de médecine à la faculté de médecine de Harvard, écrit que « l'échec fait, bien évidemment, partie de la méthode scientifique. Toutes les expériences bien préparées rejettent l'hypothèse nulle qui, souvent, se vérifie, contrairement à l'hypothèse alternative » – ce que je savais déjà, même si je ne me l'étais jamais appliqué à moi-même. En effet, l'anxiété occupait une place tellement importante dans ma vie que j'étais obligée de considérer ma situation comme un échec, mais un échec que j'étais en mesure d'analyser et de comprendre.

Si l'on en croit la science, il est possible d'alimenter ce type de réaction positive lorsque nous sommes confrontés à des échecs, des erreurs ou à ce que l'on appelle parfois « le manque de chance ». Nous naissons tous avec la capacité de nous servir littéralement de tout ce qui nous arrive (du bon comme du mauvais) comme d'une possibilité qui nous est donnée d'apprendre, d'évoluer et d'élargir notre horizon. Cette même capacité peut aussi nous conduire à interpréter tout ce qui nous arrive (de bon ou de mauvais) comme quelque chose de problématique, d'effroyable et d'incertain. La manière dont nous interprétons ce que nous vivons, ce que nous en faisons et, plus important, le regard que nous portons sur notre compétence est ce que l'on appelle « état d'esprit », domaine de recherche de Carol Dweck[35], professeure de psychologie sociale à l'université de Stanford qui, grâce à plusieurs années de recherche menée sur des enfants, des étudiants et des adultes, a identifié deux types d'état d'esprit ou mentalité : la mentalité fixe et la mentalité perfectible.

Carol Dweck a cherché à répondre à la question suivante : pourquoi certains étudiants persistent en dépit des échecs et des obstacles qu'ils rencontrent alors que d'autres abandonnent ? Pour répondre à cette question, elle a axé ses recherches sur l'idée que les étudiants se font de leur compétence ou de leur intelligence. Elle découvrit, par exemple, que les jeunes gens et les jeunes filles qui croient que leur intelligence est innée – ce qu'elle a appelé état d'esprit fixe – ont plus de mal à persévérer. Ils ont également plus tendance à croire que leurs erreurs et leurs échecs sont la preuve irréfutable d'une intelligence ou d'une compétence limitée.

A contrario, les jeunes gens et les jeunes filles qui pensent que leur intelligence peut se développer grâce à l'apprentissage et quelques efforts ont tendance à utiliser leurs erreurs comme autant d'informations susceptibles de leur servir dans une autre situation. Ils ont ce que la chercheuse a appelé une mentalité perfectible. Les jeunes – et les adultes qu'ils seront plus tard – qui ont un état d'esprit perfectible se voient continuellement en train d'apprendre de nouvelles choses, de progresser et de faire qu'une situation problématique s'améliore. Carol Dweck a montré qu'une personne ayant une mentalité fixe pouvait, au fil du temps, œuvrer pour que son état d'esprit évolue et devienne perfectible. Elle a défini quatre étapes pour y parvenir :

1. Premièrement, vous devez apprendre à entendre la « voix » de la mentalité fixe, cette voix qui vous dit qu'il y a une limite que vous ne pouvez pas dépasser, quelle que soit la situation.

2. Deuxièmement, vous devez prendre conscience que vous avez le choix : écouter cette voix restrictive ou écouter la voix de la mentalité perfectible qui dit que vous pouvez contrôler votre réponse à un stress.

3. Troisièmement, vous devez ressentir le besoin d'opposer à la voix de la mentalité fixe celle de la mentalité perfectible. Cela peut vous sembler un peu tiré par les cheveux, mais avec de la pratique vous y arriverez. Plutôt que de vous dire « Je ne me sortirai jamais de cette situation. Je n'en peux plus. Je suis plus nul(le) que nul(le) », dites-vous « Bon, cette situation est certes stressante, mais je sais que je vais m'en sortir. Je peux faire ça et ça et ça pour aller mieux et être plus dans l'instant présent. Ensuite, je passerai à autre chose. »

4. Enfin, passez à l'action, ce qui implique de définir précisément ce qu'il y a à faire. C'est lorsque vous passez des paroles aux actes qu'une erreur, un obstacle ou un feed-back négatif sont autant d'informations pour guider vos pensées et vos actes.

Au fil des ans, j'ai vu l'état d'esprit de nombreux étudiants évoluer et de fixe devenir perfectible. Ainsi, les jeunes gens et les jeunes filles en question s'impliquaient plus dans leur travail. Ils étaient plus motivés et surtout leurs résultats s'amélioraient considérablement. Mais le plus probant pour nous qui nous intéressons à l'anxiété, c'est la manière dont ce changement de mentalité a ouvert la porte à ce que j'appelle la « transformation ».

Lorsque vous observez les premières réponses à un stress et que l'anxiété monte en vous, vous avez le choix entre laisser faire ou prendre le taureau par les cornes et opter pour une réponse totalement différente. C'est la première étape à franchir pour apprivoiser l'anxiété et apprendre à la canaliser.

Et « transformer » une anxiété négative en une anxiété neutre, voire positive, ne peut se faire que si vous le voulez vraiment, un choix délibéré que j'appelle « mentalité militante », sujet au cœur de la neuroplasticité. C'est un choix délibéré que de décider d'utiliser l'anxiété comme catalyseur du changement afin que cette anxiété qui était un problème devienne une expérience dont on peut tirer des leçons. Lorsque votre état d'esprit évolue pour devenir perfectible, vous pouvez mettre en place un contrôle *top-down*, ou descendant, de votre attitude et avoir une vision différente des expériences et des affects négatifs (qui de ce fait ont tendance à diminuer), mais aussi la conviction que vous avez le pouvoir de les canaliser afin de voir les choses de manière plus positive.

Connaissez-vous l'adage « ce qui ne tue pas rend plus fort » ? Ce proverbe met en évidence un aspect crucial d'une mentalité militante : apprendre à se convaincre que l'anxiété ne va pas vous anéantir et à utiliser votre force pour vous en sortir. Cette façon de penser permet de gérer une situation, un événement ou une expérience, même désagréable, d'en tirer des enseignements et d'appliquer ce nouveau savoir à une autre situation. Lorsque l'on « se prend une porte en pleine face », on a souvent l'impression qu'il n'y a pas d'issue possible. Eh bien, une mentalité militante vous permet de prendre du recul et de chercher une autre issue.

En pleine crise existentielle, mon inquiétude était telle que j'envisageais le pire en matière d'avenir. Et si je n'étais pas titularisée ? Et si l'on me mettait à la porte du jour au lendemain ? Et si je n'arrivais pas à perdre ces fichus 13 kg en trop ? Et si personne ne s'apercevait que je les ai perdus ?

Pour véritablement changer la vie qui était la mienne, je devais commencer par reconnaître que je n'allais pas bien. Après avoir essayé pendant des mois, voire des années, d'avancer malgré mon malaise et travaillé dur pour tenter de masquer mes sentiments négatifs, je devais admettre que quelque chose ne tournait pas rond. Prendre le temps de faire le point sur ce que je ressentais au plus profond de moi signifiait non seulement que je pouvais court-circuiter les moments où l'inquiétude prenait le dessus sur ma vie, mais aussi que je devais les affronter et décider une fois pour toutes si je voulais me laisser submerger par eux ou essayer de m'en sortir. C'est alors que j'ai compris que je devais trouver quelque chose de positif pour échapper à ces affects. Je me suis aperçue que lorsque je pratiquais un sport qui me demandait beaucoup d'efforts, je me concentrais sur les exercices et ne pensais à rien d'autre. Difficile de penser à la sécurité de l'emploi en pleine séance de kick-boxing qui mobilise pleinement le corps et l'esprit !

Le sport me permettait d'oublier momentanément certaines émotions négatives et de faire ce break dont j'avais tant besoin. Mais avec le recul, je comprends que j'oubliais un point très important. Mon anxiété était en fait un drapeau rouge qui s'agitait pour me dire : « Tu as besoin de fréquenter des gens, de voir tes amis, tu as besoin d'aimer et d'être aimée ! Tu n'es pas un robot conçu uniquement pour travailler ! Fais attention à toutes ces émotions négatives. C'est un message que je t'envoie ! Ces émotions négatives en disent long alors NE passe PAS outre ! »

Je devais admettre que j'avais le choix de continuer à vivre comme je l'avais toujours fait ou de changer certaines choses. C'est à ce moment-là que j'ai pris conscience que la vie que je menais ne me rendait pas heureuse. Cocher toutes les cases universitaires pour être titularisée et « siéger à la table des grands », pouvoir publier des articles et être invitée à des conférences et autres n'allait pas transformer ma vie et me rendre plus heureuse. Je devais aussi reconnaître que si j'avais réalisé mon rêve, habiter à New York, et si je profitais de tout ce que cette ville peut offrir (de super restaurants, Broadway, des musées à gogo), la plupart du temps, j'en profitais seule. Ce constat m'a fait prendre conscience de beaucoup de choses et m'a poussée à réfléchir non seulement à ce que je faisais et qui augmentait mon anxiété, mais aussi à tout ce que je ne faisais pas, à toutes ces choses à côté desquelles je passais : les vacances. Les voyages. Les amis. Mon amour pour les langues étrangères. À cette époque, dès que je pensais aux vacances, je me disais : « À quoi bon planifier des vacances alors que je suis célibataire ? Difficile de s'amuser quand on est toute seule. » Il ne me restait plus qu'à baisser la tête et à me lancer à corps perdu dans mon travail pour éviter d'avoir des idées noires. Mais être enchaînée à la paillasse d'un labo n'avait rien de salutaire. Les changements que j'avais commencés à mettre en place – notamment le sport – m'ont permis de prendre un peu de recul et d'entrevoir d'autres options. Les vacances approchant, je me suis dit : « Je n'ai aucune attache. Je suis libre comme l'air ! Je peux aller où je veux, faire ce que je veux sans avoir à me préoccuper de l'emploi du temps ou des préférences d'une tierce personne, alors pourquoi ne pas profiter de cette chance ? »

D'après vous, qu'est-ce que j'ai fait ? Eh bien, je me suis payé les plus belles vacances de toute ma vie. C'était génial. Quelque temps avant, je m'étais offert un week-end dans un spa et l'un des coachs/animateurs m'avait parlé d'une agence pour laquelle il travaillait qui organisait des séjours à la carte dans le monde entier, alliant expériences sportives, ludiques et culturelles. Je m'étais dit que c'était l'occasion de sortir de la routine et de partir pour l'aventure. Ma première destination fut la Grèce, où j'ai pu expérimenter le kayak en mer. Un groupe de guides plus super les uns que les autres encadrait quinze voyageurs aventuriers (dont une voyageuse venue toute seule – moi !). Nous allions d'une petite île à une autre, en nous délectant de la succulente cuisine locale à chaque halte, en faisant travailler nos muscles et en visitant des sites archéologiques et autres. J'ai vraiment passé des vacances de rêve ! J'ai rencontré de merveilleux aventuriers dans un environnement totalement différent de mon cadre habituel. Je ne savais pas encore que ce voyage serait suivi d'autres expériences de ce type qui allaient me permettre de découvrir les chutes Victoria et le fleuve Zambèze, à la frontière de la Zambie et du Zimbabwe, de pratiquer le rafting dans le canyon Cotahuasi au Pérou et de visiter la Chine.

Je me souviens de cette sensation de liberté et de bonheur qui me permit de vivre une merveilleuse aventure, moi qui d'habitude passais l'été à travailler. Cette expérience fut le premier des nombreux changements que j'allais faire et qui allaient m'aider à gérer et à surmonter mon anxiété. Alors que je commençais à ressentir les bienfaits de ces changements (à l'époque, je ne parlais pas encore d'état d'esprit militant), je me suis lancé le pari suivant : est-ce que j'allais également réussir à surmonter l'anxiété qui était la mienne au sujet de l'argent ?

J'ai entrepris d'analyser les croyances qui m'empêchaient de mettre en place de réels changements. Si vous croyez que les licornes existent vraiment et qu'elles sont dotées de pouvoirs magiques, tout au long de votre vie vous garderez ça en tête. Si vous croyez que pour être productive, une personne doit passer sa vie au travail, toute votre vie vous passerez un nombre incalculable d'heures à travailler. La peur du manque d'argent ancrée en moi (y en a-t-il d'autres parmi vous ?) vient de l'idée que je me suis faite que l'argent ne tombe pas du ciel, qu'il est difficile de trouver comment en gagner quand on perd son travail ou toute autre source pécuniaire et que qui que ce soit peut un jour ou l'autre manquer d'argent. Et si je m'autorisais à regarder les choses en face ? 1) j'ai un bon salaire qui me permet d'acheter tout ce dont j'ai besoin ; 2) je n'ai jamais, pour des raisons financières, eu du mal à payer mes factures ou dû renoncer à des vacances prévues de longue date. Prendre conscience de cette réalité m'a aidée à passer outre ces croyances qui nourrissaient mon anxiété. Lorsque j'ai pris la décision de créer ma propre start-up dans le domaine de la technologie en m'appuyant sur mes recherches, j'ai tout de suite dû affronter cette peur du manque d'argent. Au bout d'une année, j'ai été forcée d'admettre que créer une société coûte cher et que mes économies n'allaient pas suffire. Mais plutôt que de laisser mon anxiété me couper dans mon élan, j'ai décidé de porter un regard autre sur l'argent.

Ce qui fait qu'aujourd'hui, je suis la première à me dire : *j'arrive toujours à trouver de nouveaux financements. Je n'ai qu'à chercher un peu et hop, je trouve une solution. Je sais qu'il me faut dépenser de l'argent (dépenser, pas gaspiller) et investir dans des produits pour faire des bénéfices et je le fais. Il y a toujours de l'argent pour une idée qui est bonne et je crois en mon idée. Je suis persuadée que je trouverai toujours l'argent nécessaire pour arriver à mes fins.*

Je devais travailler sur ma peur. Je pouvais avoir peur de prendre des risques, mais pas de me retrouver sans argent. Or je devais me convaincre que les risques que j'allais prendre valaient la peine et étaient modérés dans la mesure où j'avais les reins solides sur le plan financier.

CE QUI A CHANGÉ POUR MOI

Mon état d'esprit hier	Mon état d'esprit militant aujourd'hui
L'argent peut toujours venir à manquer.	J'ai beaucoup d'argent.
Je suis toute seule dans cette galère.	Il y a des tas de personnes qui me soutiennent.
Je ressens le besoin de rendre tout le monde heureux.	Me dire que je vais atteindre mon but est ce qui me fait avancer.

Mon état d'esprit hier	Mon état d'esprit militant aujourd'hui
Je n'ai qu'une poignée de vrais amis.	J'ai un nombre incalculable d'amis plus merveilleux les uns que les autres.
Pour réussir, il faut travailler d'arrache-pied.	Rien de mieux que la joie, des rires et du plaisir pour redonner de l'énergie à mon cerveau afin qu'il carbure à plein régime.
J'ai honte de mes échecs.	J'apprends de chacune de mes erreurs.

Comprendre que je pouvais calmer cette anxiété que j'avais de me retrouver sans argent a littéralement changé la donne. Je me sentais soulagée et j'avais l'impression d'avoir le contrôle sur ma vie. J'étais capable d'identifier les croyances qui m'empêchaient d'évaluer avec précision une situation et d'en faire des croyances qui pouvaient m'être utiles. Chaque fois que je passais ce cap, j'avais l'impression que le monde dans lequel je vivais s'élargissait. Je ne suis pas en train de dire qu'il suffisait que je claque des doigts pour que l'argent tombe du ciel – rien n'est jamais aussi simple ! Mais j'étais capable de détruire les murs qui m'empêchaient ne serait-ce que d'essayer d'atteindre les objectifs que je m'étais fixés. Impossible de développer un état d'esprit militant sans réflexion, sans engagement, sans une prise de conscience permanente et la volonté de supporter ce qui nous pèse. Je ne dirais pas que ma peur de manquer a disparu, mais j'essaie, quand elle m'envahit, de m'en servir à bon escient.

Tandis que je parvenais à apaiser mon anxiété négative et qu'un état d'esprit de plus en plus militant se dessinait, j'ai commencé à comprendre comment fonctionne réellement l'anxiété. L'anxiété n'est ni plus ni moins qu'un système d'alarme. Mon anxiété se déclenchait lorsque ma vie commençait à frôler les limites des croyances qui m'empêchaient d'aller de l'avant – quand je prenais des risques, que je rêvais trop, que j'osais sortir de ma zone de confort. Lorsque je me suis mise à regarder cette anxiété en face, je me suis aperçue qu'elle ressemblait à des croyances surannées et inutiles. La peur/l'anxiété que je ressentais lorsque je pensais à ce que coûtait la création d'une entreprise venait du fait que je croyais que l'argent peut toujours venir à manquer. L'anxiété et la difficulté que j'avais à planifier de vraies vacances venaient du fait que je cherchais toujours à éviter les affects négatifs. L'anxiété qui m'envahissait était la preuve même que mes projets et mes croyances n'étaient pas en phase.

Ce système d'alerte qu'est l'anxiété n'avait pas totalement disparu, mais je commençais à comprendre comment je pouvais m'en servir.

Jared, ou comment en finir avec l'anxiété négative et développer un état d'esprit militant

Vous vous souvenez de Jared, qui deux ans après avoir obtenu son diplôme universitaire, vivait toujours chez ses parents, terrassé par l'anxiété et la dépression ? Ce qui l'obligea à s'interroger sur la raison de son inertie fut l'ultimatum que lui posèrent son père et sa mère : trouver un travail ou déménager. Ils lui rappelèrent également qu'il pouvait choisir différentes options et qu'il était parfaitement capable de trouver un travail, même si ce n'était pas le poste dont il rêvait lorsqu'il était étudiant.

L'attitude de ses parents a remué quelque chose de très profond chez Jared. Il était fou furieux. Dans un premier temps, il éprouva de la colère envers eux : « Ils vont voir de quoi je suis capable », puis il a commencé à consulter les offres d'emploi sur Internet, ce qui ne fit qu'accroître sa rage. Il était intelligent et plein de ressources. Mais alors, est-ce que quelque chose le bloquait ? Oui. Allait-il toutefois pouvoir s'en sortir ? Oui.

L'ultimatum de ses parents l'obligea à reconnaître qu'il avait honte. Honte de ne pas avoir de travail. Honte de ne pas avoir de projets. Mais cette fois, au lieu de se laisser submerger par ce sentiment de honte, il s'est raccroché à sa colère comme à un radeau de sauvetage, ce qu'en fait elle était.

Jared s'est souvenu que sa mère lui avait parlé d'un programme de service civil au Costa Rica, où les bénévoles apprenaient à construire des maisons tout en enseignant l'anglais à la population locale. Les bénévoles s'engageaient pour un an. Jared n'aurait pas de problème avec la langue du pays dans la mesure où il avait pris l'espagnol en option à l'université. Il chercha le site de l'organisme, lut le programme et remplit la fiche d'inscription. Sa candidature fut retenue. La mission semblait *a priori* faite pour lui, ce qui ne l'empêchait pas d'être terrifié et extrêmement angoissé. Il pensait au fond de lui qu'il allait être à la hauteur et a décidé de franchir la porte de la maison de ses parents, de prendre l'avion et de s'envoler pour le Costa Rica. La solitude et le désespoir qui l'habitaient n'avaient rien à voir avec la honte de rester sans rien faire, terré dans le sous-sol de la maison de ses parents.

À San José, à peine descendu de l'avion, Jared rencontra d'autres bénévoles. Instantanément, il eut l'impression de reprendre vie. Les sentiments qui l'étouffaient commencèrent à s'estomper. Au cours des six mois qui suivirent, Jared changea progressivement. Son anxiété et sa dépression étaient toujours là, mais dans le nouvel environnement qui était le sien, il supportait de mieux en mieux son malaise. Il donnait de sa personne et s'impliquait considérablement auprès des familles, il s'imprégnait de la culture et se faisait sa place dans le village. Son travail était très physique – il faisait partie d'une équipe qui avait pour mission d'aider à la construction de maisons dans un village de montagne isolé, au centre de la région la plus septentrionale du Costa Rica. Mais ce travail lui apportait deux choses qui jusqu'alors lui avaient fait cruellement défaut : l'effort physique qui réveille le corps et la mobilisation de l'attention sur autre chose que lui-même et son boulot.

Plus il devenait robuste et endurant (il avait dû grimper pendant dix heures pour atteindre le village où il allait travailler), plus il retrouvait l'énergie qu'il avait lorsqu'il était au lycée et à l'université. Il ne broyait plus du noir et avait le sentiment que sa vie n'était pas aussi nulle que ça. Plus important encore, il n'était plus angoissé pour un rien. Les relations qu'il entretenait avec les autres bénévoles et la population locale lui firent aussi le plus grand bien. Il échangeait avec les enfants du village, auxquels il apprenait l'anglais, mais aussi avec les autres membres de son équipe lorsque, durant leur temps libre, ils construisaient les maisons. Tous ces échanges avaient sur lui un effet bénéfique. Il était utile, son travail avait du sens. Lui qui avait toujours pensé qu'il ne servait à rien avait la sensation d'être utile à quelque chose.

Jared changea du tout au tout. L'effort physique, son implication émotionnelle et cognitive et la vie sociale donnèrent certes un sens à sa vie, lui permirent de se projeter, mais surtout de changer totalement son état d'esprit. Il se souvenait parfaitement de toute cette période qu'il avait passée chez ses parents avec cette peur au ventre de ne pas trouver un travail qui donnerait un sens à sa vie, cette anxiété qui était allée crescendo en lui lorsque ses parents lui avaient demandé de partir et ce désespoir dû à l'anxiété qui le rongeait. Il était désormais capable d'utiliser ses émotions négatives pour changer d'état d'esprit. Au Costa Rica, il avait découvert une vie riche et totalement différente de celle qu'il avait menée jusqu'alors, il avait des projets. Lui qui, durant deux ans, était resté cloîtré dans le sous-sol d'une maison, envisageait maintenant de devenir enseignant ou de travailler pour une organisation caritative, voire de lier les deux. Alors qu'il n'avait pas su quelle direction prendre après l'obtention de son diplôme, il avait découvert qu'il était un excellent professeur, qui se préoccupait de ses élèves. Lui qui, hier, se sentait seul et isolé avait la sensation d'appartenir à une communauté d'enseignants dévoués et altruistes. D'un jour à l'autre, sa vie avait totalement changé et, alors que son anxiété s'estompait, Jared, grâce à son nouvel état d'esprit (en général, cela prend plus de temps) était devenu une autre personne avec une autre vie. Ce changement radical se voyait sur son visage, dans sa façon de se comporter, dans les relations qu'il entretenait avec les villageois, avec ses collègues, mais aussi avec lui-même. C'était beau à voir.

Mais quels circuits se sont activés dans son cerveau pour que se produise un tel changement ? Qu'est-ce qui se trouve derrière et explique que son anxiété négative lui ait permis de développer un état d'esprit militant ?

Grâce aux neurosciences, nous avons beaucoup d'informations quant à l'activation de certains circuits cérébraux chez les personnes anxieuses[36]. Avant que Jared ne parte pour le Costa Rica, il est probable qu'une partie de son cerveau, l'amygdale, ait été fortement activée, tout comme une partie du cortex préfrontal appelée cortex cingulaire antérieur dorsal et d'autres zones cérébrales interconnectées impliquées dans l'anxiété et la dépression. Lorsque Jared s'est senti intégré à la vie des villageois et des autres bénévoles, l'activation de l'amygdale, du cortex antérieur dorsal et du cortex préfrontal ventromédian s'est affaiblie. Le fait de changer de décor a eu un effet bénéfique sur l'activation de certaines zones de son cerveau.

Les facteurs qui, alors qu'il était chez ses parents, déclenchaient des émotions négatives ayant disparu, de nouveaux stimuli positifs ont éveillé son système nerveux. Le nouvel environnement de Jared a été un facteur de stress positif qui a, d'une part, réduit son anxiété et, d'autre part, favorisé une prise de conscience de son état émotionnel.

Nous voyons aussi que l'activation du cortex préfrontal et du cortex cingulaire antérieur a été plus importante et que les interactions entre les différentes zones cérébrales se sont renforcées. C'est comme si les émotions négatives avaient le même effet qu'un lubrifiant sur un moteur rouillé et avaient ramené Jared à la vie.

Plusieurs facteurs font que, chez Jared, les changements se sont opérés aussi rapidement :

- L'activité physique de Jared s'est amplifiée et a permis à son corps d'évacuer une partie des substances chimiques du stress stockées.
- Jared s'est installé dans un environnement dénué de tous ces facteurs de stress à l'origine de cette anxiété qui jusqu'alors le rongeait, ce qui lui a permis de mettre en place de nouvelles réponses.
- Jared a vu sa vie sociale se développer. Il a lié de nouvelles relations, ce qui a favorisé la libération d'ocytocine, une hormone qui rend plus heureux.
- Jared s'est tout d'un coup impliqué dans des activités qui lui ont fait prendre conscience qu'il pouvait se rendre utile, ce qui lui a permis de se projeter et de comprendre qu'il avait un rôlc à joucr dans lc monde qui était le sien.

Surtout, Jared a compris que ces changements pouvaient l'aider à avoir une vie totalement différente. Les changements ont été si rapides qu'il a pu comparer les effets de croyances qui l'empêchaient d'aller de l'avant et occupaient sans cesse son esprit avant son départ pour le Costa Rica (*je ne trouverai jamais de travail; je ne trouverai jamais à me loger ailleurs que dans le sous-sol de la maison de mes parents; je suis seul, sans amis; je ne sais absolument pas quoi faire de ma vie*) avec son état d'esprit militant qui lui fait dire qu'il a trouvé un sens à sa vie, découvert une communauté à laquelle il veut appartenir, compris qu'il avait en lui le talent et l'énergie nécessaires pour mener une carrière qui le satisfaisait. Il a redécouvert ces croyances qui l'avaient accompagné et rendu heureux lorsqu'il était lycéen et étudiant. Il avait fallu qu'il trouve une manière de se libérer de cette anxiété qui l'assaillait (et qu'il trouve ce travail au Costa Rica) pour découvrir cette part en lui capable de mettre à profit cet état d'esprit militant pour vaincre ce sentiment d'insécurité et réussir à prendre des décisions.

Je ne suis pas en train de dire que Jared ne rechutera jamais ni qu'il ne connaîtra pas des périodes de doute, de peur ou d'anxiété. Il ne se débarrassera probablement jamais totalement de son anxiété – et c'est tant mieux. Mais le fait d'écouter ce que lui dit cette anxiété l'aidera à aller de l'avant et à vivre des situations qui feront qu'il sera moins anxieux – l'insécurité, le doute quant à ses capacités et sa valeur, la peur de ne pas savoir que faire. Prendre du recul par rapport à cette anxiété lui a permis d'apprendre à la canaliser, à changer et le fait d'en prendre conscience a favorisé le développement de cet état d'esprit militant qui est le sien aujourd'hui.

Réévaluer la manière dont nous nous comportons

Une mentalité perfectible repose sur le principe de réévaluation, que je vous ai présenté dans la première partie de ce livre. Lorsque vous réévaluez une situation, vous utilisez ce que les neuroscientifiques appellent « flexibilité cognitive » – poser un regard différent sur une situation donnée. Cette flexibilité peut être la différence entre la sensation d'être emprisonné dans une situation sans savoir comment s'en sortir et être capable de trouver des solutions pour résoudre un problème. Pour la plupart, l'anxiété vient de la sensation d'être dans une situation qui leur échappe et dont ils ne connaissent pas l'issue. Ils ont l'impression qu'ils ne s'en sortiront jamais, qu'ils ne trouveront jamais de solution ou que l'issue sera toujours mauvaise. Réévaluer une situation permet de se servir d'une situation donnée pour commencer à éliminer un à un les facteurs à l'origine de l'anxiété. Réévaluer une situation vous permet de la regarder avec un œil nouveau. Elle est toujours là, sans toutefois être la même ; un peu comme quand vous vous lancez dans des travaux de peinture, la pièce est toujours la même, mais l'atmosphère est différente selon la couleur. Développer un état d'esprit militant implique que vous considériez les émotions négatives telles que l'anxiété comme des informations à part entière – « voir » ces émotions, mais ne pas se laisser submerger par elles. Lorsque j'ai pris conscience que l'anxiété m'empêchait d'avancer, que j'étais face à un mur en briques, j'ai compris la différence qu'il y avait entre ce que je ressentais et ce qu'était la réalité. J'ai pu passer en mode « chercheuse » et poser un regard objectif sur ce que j'éprouvais. Ce fut la première étape du processus de développement d'un état d'esprit militant et de la transformation d'une anxiété négative en une anxiété positive.

Se servir de son état d'esprit militant pour réévaluer une situation est la première chose qui fait qu'une situation difficile à supporter devient un élément productif. Des études récentes menées par des neuroscientifiques sur les zones et les connexions cérébrales qui font que l'on se comporte de telle ou telle manière et que l'on réévalue une situation nous ont permis de mieux comprendre ce domaine ô combien fascinant. Des travaux réalisés par une équipe de Stanford[37] ont notamment révélé que les élèves de primaire qui obtenaient les meilleurs résultats en mathématiques n'étaient pas seulement ceux qui avaient de plus grandes compétences dans ce domaine, mais également ceux dont l'activation de l'hippocampe était la plus forte lorsqu'ils résolvaient un problème. Autrement dit, avoir une attitude positive et se dire que l'on peut réussir rend plus performant sur les plans émotionnel et cognitif. *A contrario*, d'autres études ont montré que la dépression, l'anxiété et autres attitudes négatives diminuent les performances. Si une corrélation n'est pas nécessairement synonyme de lien de cause à effet, on peut toutefois dire qu'avoir une attitude positive par rapport aux maths se traduit généralement par de meilleurs résultats (et une plus forte activation de l'hippocampe).

Les études menées par William Cunningham[38] et ses collègues ont montré que nous avons la capacité de changer et de modifier notre attitude, ce qui est exactement l'effet d'un état d'esprit militant, en nous permettant de réévaluer une situation. William Cunningham appelle cela « modèle de traitement itératif », un drôle de nom pour dire que, dans un environnement complexe, nous avons toujours recours à de nouvelles informations pour réévaluer et/ou changer notre manière d'appréhender une situation particulière. Par exemple, Lance Armstrong doit-il être considéré comme un héros pour avoir réussi à vaincre son cancer et avoir donné de l'espoir et beaucoup d'argent pour venir en aide à d'autres personnes qui, comme lui, ont survécu à cette terrible maladie OU comme l'odieux n^0 1 du dopage dans le monde ? Tout dépend des informations que nous utilisons ou du modèle d'évaluation pour lequel nous optons (le cancer vs le dopage). Nos attitudes sont traitées par un réseau de zones cérébrales situées dans le cortex orbitofrontal et peuvent être modulées par les informations traitées et évaluées dans le cortex préfrontal latéral. Ces attitudes auront un effet positif ou négatif sur notre comportement sans qu'il nous soit possible d'intervenir à ce niveau.

Le pouvoir de l'effet de contraste négatif

Le psychologue américain Leo Crespi fut le premier à parler de l'effet de contraste négatif en 1942[39]. Le contraste comportemental, comme on l'appelle aussi, peut être défini comme un phénomène que les psychologues utilisent pour décrire la manière dont quelque chose semble plus attirant dès lors qu'on le compare à quelque chose de moins attirant. Ci-après, un exemple tout simple pour comprendre comment un effet de contraste négatif peut jouer un rôle important dans la vraie vie, la mienne en l'occurrence.

L'expérience que je vais vous raconter a eu lieu alors que je donnais ma première « vraie » conférence en tant qu'élève de dernière année lors d'une prestigieuse convention sur l'apprentissage et la mémoire à l'université de Californie à Irvine. Je m'étais entraînée pendant des heures et des heures jusqu'à ce que je connaisse par cœur le discours que j'allais prononcer. Malgré cela, j'avais les nerfs à fleur de peau, les paumes moites et mon cœur battait la chamade. J'imaginais les pires scénarii. Je me voyais trébuchant en montant sur l'estrade ou perdant le fil de mon discours. L'étudiant qui me précédait (les intervenants étaient tous des étudiants) n'avait de toute évidence pas travaillé sa présentation. Le pauvre garçon n'était pas clair, et à chaque diapositive, il se perdait dans ses explications. Tout le monde, moi y compris, n'attendait qu'une chose : qu'il termine sa présentation et qu'il mette fin à son calvaire (et au nôtre !). En le voyant essayer de se dépêtrer tant bien que mal, j'ai compris que j'étais beaucoup mieux préparée que je ne le pensais : maintes et maintes fois, j'avais passé en revue chacune de mes diapositives, j'avais répété encore et encore ce que j'allais dire. J'ai alors pris conscience que la barre était un peu plus basse que je ne l'avais imaginé. Puis ce fut mon tour. Comparée à celle de l'étudiant qui m'avait précédée, ma présentation parut excellente. Cette première expérience en tant que scientifique me valut des tonnes de retours positifs et changea mon état d'esprit quant à la prise de parole en public. C'est probablement grâce à elle que j'excelle dès lors que je m'adresse à un auditoire.

Cet exemple est l'illustration même de ce que peut faire l'effet de contraste négatif : nous aider à avoir la sensation que les choses sont en réalité beaucoup mieux que nous le pensons et à commencer à voir leur bon côté. L'effet de contraste négatif nous pousse, plutôt que de nous focaliser sur le meilleur scénario qui soit et de conclure que nous n'y arriverons jamais, à imaginer le pire scénario et à prendre conscience que nous pourrons toujours faire mieux. Si, bien entendu, il était important que je passe du temps et que je mette toute mon énergie pour peaufiner ma présentation afin d'être prête le jour J, c'est l'effet de contraste négatif (la mauvaise présentation de l'étudiant qui était passé avant moi), combiné aux retours positifs, qui fait que j'ai cru en mes aptitudes d'oratrice qui, jusqu'à ce jour, ne se sont jamais démenties. Cette vision du « pire scénario » fait que ce qui semblait mauvais et négatif devient tolérable dans la mesure où une situation donnée n'est plus perçue comme le pire des scénarii qui soient.

L'effet du contraste négatif a également joué en la faveur de Jared. Le fait que les deux environnements (le sous-sol de la maison paternelle vs le village isolé dans la montagne) soient diamétralement opposés lui a permis de comprendre à quel point il était mal lorsqu'il vivait chez ses parents et à quel point il était bien au Costa Rica. Son malaise, son irritabilité due au manque de sommeil et cette difficulté chronique qu'il avait à prendre une décision étaient autant de facteurs tangibles lui rappelant à quel point il était angoissé et incapable d'aller de l'avant. Même si sa nouvelle vie au Costa Rica n'a pas toujours été rose, les difficultés rencontrées lui ont toujours paru surmontables comparées à ce qu'il avait connu avant. Ces souvenirs qui prennent aux tripes sont les fondements sur lesquels se met en place l'effet de contraste négatif. Jared a pleinement pris conscience de ce que lui apportaient les enfants et leur famille. Il avait été embauché pour leur venir en aide et il savait à quel point tout ce qu'il faisait, toutes ces choses qui l'avaient obligé à sortir de sa zone de confort, lui était salutaire. Grâce à cette expérience, il avait retrouvé la confiance en lui et il se savait capable de relever d'autres défis.

Et c'est précisément la prise de conscience et la motivation qui font qu'un état d'esprit militant ne sera pas temporaire, mais durera dans le temps.

Anne, ou comment nourrir un état d'esprit militant

Anne a 78 ans. Californienne de naissance, elle joue au tennis tout au long de l'année, travaille dans l'immobilier, nage et fait du yoga. Elle sort trois à quatre fois par semaine – elle dîne avec un(e) ou deux ami(e)s, va à la bibliothèque écouter un conférencier parler d'un sujet qui l'intéresse, au cinéma ou au théâtre. Anne a toujours aimé bouger, se sentir en bonne santé, pleine d'énergie et « au mieux de sa forme ». Mais il y a quelque temps, les choses ont commencé à changer. Anne est souvent irritable, elle se sent vite débordée par des situations qu'elle avait jusque-là toujours gérées sans aucun problème et, pire que tout, elle a la sensation qu'elle ne peut rien y changer. Anne a deux filles qui l'adorent et qui ne demandent qu'à s'occuper d'elle, mais quoi qu'elles fassent, Anne le ressent comme une intrusion dans sa vie privée et les rejette. Ses deux filles essaient de la persuader qu'elle en fait trop et qu'elle doit ralentir.

Ce à quoi Anne répond invariablement : « J'ai toujours fonctionné ainsi. Je suis comme ça. » Mais quand les choses se calment, elle reconnaît que ce n'est plus tout à fait comme avant. Dernièrement, elle s'est aperçue qu'elle avait du mal à sortir de chez elle. Elle décline les invitations et redoute les événements notés dans son agenda. Anne continue à croire qu'être active est bon pour elle – en tout cas, ça l'est depuis plusieurs dizaines d'années. Elle doit sans cesse être occupée afin de ne pas se laisser submerger par l'anxiété. Bien sûr, elle doit admettre que son corps et son cerveau ne sont plus aussi rapides du fait de son âge, mais, si elle se laisse aller et commence à changer, ne serait-ce que l'une de ses habitudes, elle craint que tout ne s'effondre. En fait, Anne est terrifiée à l'idée de devoir cesser de bouger.

Vu de l'extérieur, vous vous dites probablement qu'Anne aurait tout intérêt à ralentir, ne serait-ce qu'un peu, ses activités : se reposer plus, trouver un équilibre entre une activité physique intense et des exercices de relaxation et sortir moins souvent le soir. Or ce qui pousse Anne à agir ainsi, c'est qu'elle est convaincue que c'est ce qu'elle fait qui définit qui elle est. Si elle s'arrête, ne va-t-elle pas s'effondrer ? C'est pour cette raison qu'elle s'oblige à continuer et qu'elle a peur de changer ses habitudes.

Jusqu'à maintenant, Anne a toujours compté sur ses habitudes – activité physique, vie sociale et travail prenant – pour avoir la sensation de savoir ce qu'elle veut et rester concentrée. Durant toutes ces années d'hyperactivité, elle n'a jamais vraiment fait le lien entre ses activités et la maîtrise de son anxiété. Mais aujourd'hui qu'elle a conscience de ne plus pouvoir être aussi active que par le passé, elle est angoissée et a la sensation de ne plus contrôler sa vie. Pendant des années, être en permanence occupée l'a aidée à gérer son anxiété et à se protéger du stress. Or maintenant qu'elle doit en faire moins, il lui faut se rendre à l'évidence et admettre qu'elle est de plus en plus anxieuse.

Comme nombre d'entre nous, Anne n'a pas voulu admettre qu'elle était angoissée. Et pour cause, elle se voyait comme une femme au top sur les plans physique et émotionnel et parfaitement équilibrée. Un jour, Anne a eu une pneumonie. Elle n'eut d'autre choix que de ralentir, ce qui fut terrible pour elle. Elle n'arrivait même pas à soulever sa tête de l'oreiller et, pendant deux semaines, elle n'a rien voulu faire d'autre que dormir. Or ce repos forcé a porté ses fruits : Anne a dû admettre qu'elle était fragile et que, depuis quelque temps, elle était angoissée.

Cette montée d'angoisse était un signal d'alarme. Il était temps pour Anne de changer son mode de vie. Elle détestait se sentir vidée, épuisée, mais ses filles avaient raison : ce qui, hier, était bon pour elle, ne l'était plus aujourd'hui. Sa maladie lui fournit une bonne excuse. Elle se rétablit progressivement. Elle dormait mieux, plus longtemps, et récupérait un peu plus chaque jour. Elle voulut savoir de combien d'heures de sommeil elle avait besoin pour être en forme afin de ne pas reprendre ses mauvaises habitudes une fois sur pied. Elle sentait que rester tranquillement chez elle le soir au lieu de sortir avec des amis, assister à des conférences, aller au restaurant ou encore participer à des galas lui faisait du bien. Prendre du recul par rapport à ses activités lui permit de s'interroger. Voyait-elle ses amis pour ce qu'ils étaient ou pour ce qu'ils représentaient avant que la situation ne change ? Elle s'autorisa à reconnaître que ralentir ses activités lui faisait du bien et la rendait plus forte. Plutôt que de reprendre sa vie effrénée d'avant, elle décida de se focaliser sur les événements qui comptaient vraiment pour elle et, brusquement, son emploi du temps s'allégea considérablement. Elle ressentit de nouveau le besoin de pratiquer régulièrement une activité physique, ce qui lui parut être une bonne chose, mais là encore elle s'interrogea afin de savoir si c'était parce que cela lui procurait du plaisir ou si c'était pour échapper à quelque chose. Elle reprit donc le tennis, une fois de temps en temps, décidant que ce serait à son corps de lui dire « stop, ça suffit pour cette semaine ! »

La maladie a permis à Anne de revoir ce qu'elle savait déjà : nous sommes des êtres qui ne cessent de changer. Et nous devons être en accord avec ces changements pour nous adapter. Ce qui n'allait pas chez Anne, c'est qu'elle s'accrochait obstinément à une routine, parce qu'il en avait toujours été ainsi. Elle avait tellement peur qu'elle ne s'octroyait pas le temps nécessaire pour réévaluer les choses et se projeter. Elle découvrit qu'un état d'esprit militant voulait dire que quand on pense être capable de s'adapter, on se sent mieux lorsque, effectivement, on s'adapte. Les filles d'Anne n'arrivaient pas à croire que leur mère ait changé de manière aussi radicale. Anne avait toujours été – et était encore – une force de la nature – mais sa prise de conscience, son optimisme et le fait qu'elle pense pouvoir toujours apprendre ont renforcé la confiance en elle et contribué à rendre sa vie encore plus belle – ce qui est merveilleux quand on a 78 ans. Par ailleurs, Anne a découvert le pouvoir de l'auto-expérimentation. En effet, lorsqu'elle est à l'écoute de son corps et essaie différentes choses pour optimiser la manière dont il réagit, elle identifie ce dont son corps a besoin et elle a aussi la sensation de mieux contrôler sa santé. Cette prise de conscience est probablement le plus beau cadeau qu'elle pouvait se faire à elle-même : « Personne ne pourra me reprocher d'être un vieux singe qui ne veut plus apprendre à faire de grimaces ! »

Ne pas se contenter d'appuyer sur le bouton *Mute* de la play-list des « et si ? »

Parfois, les stratégies de *coping* de référence nous en disent beaucoup sur la manière dont nous arrivons – ou n'arrivons pas – à gérer notre stress au quotidien. Il est important de garder à l'esprit qu'il y a une différence entre les mécanismes de *coping* qui ne font que masquer un problème et ne cherchent pas plus loin, et les mécanismes salutaires que nous adaptons délibérément au fil du temps parce que nous avons changé ou parce que les circonstances ont changé. Pour développer un état d'esprit militant, vous devez être à la fois objectif et positif. Vous devez également prendre conscience des facteurs qui déclenchent chez vous une anxiété et les affects négatifs qui en découlent.

Prenons l'exemple de Liza. Rappelez-vous, tous les matins avant de se rendre au travail, elle allait courir puis elle partait au bureau, faisait tant bien que mal sa journée de travail et, le soir, elle s'écroulait sur son canapé, une bouteille de vin vide à ses côtés. Les bons jours, elle échappait à cette routine, mais au fil du temps, les stratégies de *coping* qu'elle avait adoptées n'eurent plus les effets escomptés. C'est comme si elle fonçait sur un barrage routier et que les mécanismes mis en place interféraient désormais avec sa vie. Elle avait l'impression de ne connaître que des échecs, et les retours qu'elle avait au bureau étaient tout aussi négatifs : « Tu sapes le moral de tout le monde ; arrête de vouloir tout contrôler ; tu es dure avec tous ceux qui t'entourent. »

Liza ne se reconnaissait plus. Elle savait qu'elle n'allait pas bien, mais elle était incapable de dire pourquoi – et surtout elle craignait que si elle s'approchait trop près du problème, tout son monde explose en mille morceaux sans aucune reconstruction possible. Elle se réveillait en plein milieu de la nuit avec une liste interminable de « et si ? » – comme si elle cherchait tout ce qui pouvait ne pas aller dans son travail. Elle était devenue quelque peu paranoïaque vis-à-vis de ses collègues et imaginait que certains d'entre eux cherchaient à la mettre sur la touche ou à prendre des projets qui, initialement, lui avaient été confiés. À la fin d'une dure journée de labeur, elle était épuisée, vidée et la seule solution qu'elle avait trouvée pour se débarrasser de ces pensées obsessionnelles était de rentrer chez elle et de boire du vin. L'alcool lui offrait une trêve d'une heure ou deux. Plus de doutes quant à sa performance au travail, plus la peur d'être licenciée à cause d'une erreur commise, plus d'inquiétude quant à l'avenir. C'est comme si elle avait appuyé sur le bouton Mute d'une machine à problèmes.

Le cœur battant la chamade, trempée de sueur, elle se demandait alors : *qu'est-ce qui fait que je n'ai plus confiance en moi ? Comment expliquer que je suis devenue une c… furieuse ?* Son irritabilité, qu'elle avait du mal à gérer, était la preuve irréfutable que quelque chose était en train de changer.

Afin de redresser la barre, elle devait dans un premier temps reconnaître que la manière dont elle se comportait ne l'aidait plus à gérer son anxiété. Elle devait admettre qu'elle devait à tout prix diminuer, voire cesser sa consommation d'alcool. Puis elle a cherché de l'aide afin de comprendre comment et à quel moment son anxiété avait pris une proportion telle qu'elle n'arrivait plus à la contrôler. Lorsqu'elle a arrêté de boire du vin le soir, Liza a commencé à mieux dormir la nuit, une étape cruciale d'une part pour son système nerveux qui s'apaisa et, d'autre part pour retrouver un certain équilibre. Liza put alors envisager de regarder ce qui, dans son environnement, devait être réévalué. Elle avait conscience qu'elle s'encroûtait dans son travail. Ce qu'elle voulait par-dessus tout, c'était retrouver cet enthousiasme, cet amour pour son métier qui lui donnait des ailes lorsqu'elle travaillait avec une équipe qui en voulait. Liza a donc demandé à son patron de la mettre sur un autre projet avec une nouvelle équipe – ce qui allait lui donner l'occasion d'appuyer sur le bouton *Reset* et de revoir sa manière de travailler. Elle lui demanda également si elle pouvait suivre une formation sur le développement professionnel avec un coach privé. Tous ces changements réactivèrent son intérêt et sa motivation. Son coach l'aida à trouver comment elle pouvait radicalement transformer sa vie au travail en réinitialisant son état d'esprit. Par exemple, Liza fut capable de voir qu'elle n'avait pas toujours été aussi dure envers elle-même et que les monologues négatifs contribuaient à la sensation de frustration et de peur qui l'assaillait au travail. Changer son état d'esprit négatif en un état d'esprit positif lui a permis d'être plus bienveillante avec elle-même et d'avoir moins d'exigences en termes de performance et de projets. En prime, son changement d'attitude se propagea naturellement chez tous les gens qu'elle côtoyait au travail. Elle apprit à faire preuve d'une plus grande ouverture d'esprit : elle ne se sentait plus contrainte et forcée de contrôler chaque aspect de sa journée de travail de peur d'être méprisée par ses pairs. Elle ne se sentait plus responsable de tout. Enfin, elle apprit à se détendre et à écouter.

Le regard que nous portons sur notre vie et la manière dont nous nous comportons a un impact majeur sur notre bien-être en général, notre santé et notre bonheur. Identifiez précisément ce que vous voulez changer chez vous et dans votre vie. Menez vos propres expériences comme si vous étiez entré dans la peau d'un scientifique, sans préjugé aucun, et surtout dites-vous que si vous faites preuve d'optimisme vous aurez plus de chances de vous sentir mieux. Si vous vous sentez mieux, vous réitérerez l'expérience. C'est ce qu'a compris Liza et ce qui l'a aidée à développer un état d'esprit militant.

Une rose sous un autre nom

Alors que j'écrivais ce chapitre, je me suis posé la question suivante : « L'art du recadrage a-t-il ses limites ? »

C'est en pensant à mon amie Céline que cette question m'est venue à l'esprit. Céline est une brillante journaliste, autrice et entrepreneuse qui, un jour, me dit qu'aucun de ses écrits n'avait jamais été refusé.

« Ouah ! » ai-je répondu avec une petite pointe d'ironie. « Je savais que les étudiants qui sortent de Harvard sont très intelligents, mais je ne savais pas qu'ils avaient des pouvoirs magiques ! »

C'est alors que Céline m'a expliqué que si elle se permettait de dire cela, c'est que chaque fois qu'elle avait envoyé un article à un journal ou un manuscrit à une maison d'édition, la réponse – quelle qu'elle soit – lui avait toujours permis d'avancer. Par exemple, soit l'éditeur lui envoyait une réponse claire et nette (« Chère Céline, votre livre est un ramassis de c… Signé X ») ; soit elle découvrait par elle-même comment faire prendre à son livre une nouvelle tournure. Autrement dit, mon amie considérait chacune des réponses comme une « victoire » et non comme un refus.

Une réaction, je dois le reconnaître, on ne peut plus positive ce qui, toutefois, me poussa à me demander si trop en faire ne présentait pas un risque. Certaines personnes recadrent-elles trop les choses ? À force de recadrer les choses, ne se dupe-t-on pas soi-même, à tel point que les amis et la famille ont envie de dire : « Stop, ouvre les yeux ! » Si je m'interroge, c'est parce que, personnellement, j'apprends plus de mes erreurs et des refus que j'essuie que de mes succès. Bien sûr, on a tendance à penser qu'un succès est la meilleure chose qui puisse nous arriver ; or réussir ne nous livre qu'un type d'informations : ce qui marche. Moi qui suis chercheuse, qui ai l'habitude de préparer des dossiers de demande de subvention, de donner des conférences et qui, maintenant, suis à la tête d'une société, j'adore bien évidemment quand ce que j'entreprends réussit. Mais je sais aussi apprendre de mes erreurs.

Le recadrage est une technique qui permet non pas de gommer une erreur sans en tirer de leçons, mais de regarder un échec par l'autre bout de la lorgnette. Pour moi, une victoire est une victoire et un échec cuisant est un échec cuisant – l'une comme l'autre étant le reflet de mon travail et non le reflet de ma propre valeur. Si un échec, un refus ou une négociation à mener me font certes mal, j'essaie toujours de voir quels enseignements je peux en tirer. Qu'est-ce que j'ai compris dans l'histoire ? Comme puis-je modifier mes plans ou revoir mes objectifs ? Ce faisant, chaque expérience négative devient un outil qui me permet d'apprendre de nouvelles choses, même si je donne libre cours à mes émotions.

Pour que votre état d'esprit militant monte en puissance

Un état d'esprit militant n'est pas un don caché réservé à une poignée de chanceux. C'est une aptitude à part entière qui s'acquiert au fil du temps avec de la pratique. Et comme n'importe quelle autre habitude, plus vous allez pratiquer, plus cette aptitude va se développer et devenir automatique, et c'est là que les personnes anxieuses ont un net avantage sur les autres. Pourquoi ? Parce que seules les personnes qui ont conscience de ce qui ne marche pas pour elles sont capables de réévaluer une situation et de comprendre que l'anxiété est l'émotion qui permet de le faire.

Pendant longtemps, ce qui m'angoissait le plus, c'était que les gens me voient telle que je suis au fond de moi. Je pensais que si je révélais mes imperfections, mes incertitudes ou mes points faibles, je ne serais plus acceptée et que je n'essuierais que des échecs. Difficile de me débarrasser d'une idée aussi ancrée en moi. Une fissure apparaît et la maison s'écroule. C'est pourquoi au lieu de reconnaître cette peur, je l'esquivais – typique d'un comportement de fuite. Et comment je m'y prenais pour esquiver ? Eh bien, j'appliquais le : « Fais semblant jusqu'à ce que ça marche. » Il suffisait de croire très fort à un succès pour qu'effectivement j'arrive à mes fins. Or plutôt que d'exprimer clairement et systématiquement ce que je ressentais, j'ai toujours parfaitement réussi à cacher ma frustration, ma colère et mes désaccords, ma plus grande crainte étant que personne ne veuille connaître mon « véritable » moi avec toute la frustration, la colère, les doléances et les imperfections qui font partie de la vraie vie.

J'ai également compris qu'une partie de mon anxiété venait du fait que je ne m'autorisais pas à exprimer ces émotions négatives on ne peut plus naturelles et que je préférais mettre un mouchoir dessus, voire leur donner libre cours, mais dans une limite très restreinte. Reconnaître qu'agir ainsi n'était pas bon pour moi m'a pris du temps. Je ne suis pas en train de dire qu'il aurait mieux valu que je pique des colères en public, mais que j'aurais dû m'exprimer quand quelque chose ne se passait pas comme je le voulais ou qu'un(e) collège ou un(e) associé(e) faisait n'importe quoi – ce qui me donnait le droit d'être en colère ou frustrée. Admettre que j'avais le droit d'être en colère contre un collègue ou même contre ma mère a été une étape cruciale et m'a permis de commencer à m'accepter moi et à accepter les émotions – dont l'anxiété – qui étaient les miennes. Cela m'a également permis de comprendre que ressentir des émotions négatives n'est pas une faiblesse, dans la mesure où ces émotions me livrent des informations quant à ma relation avec autrui et les situations auxquelles je dois accorder plus d'attention.

Il m'a fallu un peu de temps pour comprendre que j'avais enfoui ces émotions au plus profond de moi afin de les ignorer et qu'en les ignorant, j'ignorais la personne que j'étais véritablement. Maintenant que j'ai réussi à développer un état d'esprit plus positif et que j'arrive à exprimer ce que je ressens, je révèle au monde qui m'entoure mon véritable moi émotionnel.

Et cette aptitude est pour moi un super pouvoir. Il n'est pas meilleure motivation que de savoir sur quels facteurs sources d'anxiété on doit travailler afin de faire un grand pas en avant et changer sa vie.

L'anxiété nous donne en permanence une multitude de raisons de laisser notre état d'esprit militant s'exprimer. Lorsque nous acceptons de voir nos émotions négatives, nos peurs ou nos incertitudes, nous nous offrons l'occasion de consolider ce sur quoi repose notre vie. Nous servir de notre état d'esprit militant pour examiner ce qui se cache derrière notre anxiété, avec la ferme intention de développer cette aptitude, nous donne un super pouvoir.

Revenons sur les différentes personnes que je vous ai présentées dans ce chapitre. L'anxiété d'Anne lui dit qu'elle a besoin de revoir son emploi du temps et, à force de refuser de prêter attention à ce message d'alerte, elle est tombée malade. Ce n'est que lorsqu'elle a été obligée de ralentir qu'elle a pu développer cet état d'esprit militant qui allait lui permettre de voir que sa tolérance, tant sur les plans social que physique, était en train de changer. Après sa maladie, elle a dû apprendre à se concentrer sur le présent pour reconnaître que ce qui lui convient aujourd'hui n'est plus ce qui lui convenait il y a cinq ou dix ans. Elle a su développer un état d'esprit militant dont elle use à volonté.

Jared, quant à lui, a découvert qu'en prenant du recul par rapport à ses émotions, il était capable d'avoir une autre perception de lui-même.

Tout comme lui, Liza devait s'autoriser à regarder en face les éléments qui, chez elle, généraient de l'anxiété avant de pouvoir penser à s'attaquer à l'origine même du problème. Ce n'est qu'après qu'elle a été capable d'éprouver une réelle satisfaction.

Trop souvent, nous laissons notre peur éclipser le message le plus subtil, le plus nuancé qu'essaie de nous adresser notre anxiété. Or si vous prenez le temps d'observer ce que votre anxiété essaie de vous montrer, vous vous donnez la possibilité de faire de votre état d'esprit militant l'un de vos super pouvoirs que vous pourrez laisser voir au grand jour.

6

DÉVELOPPEZ UNE PLUS GRANDE ATTENTION ET UNE PLUS GRANDE PRODUCTIVITÉ

Comme toutes les relations sérieuses, la relation anxiété/attention est compliquée. L'anxiété négative, rusée comme un renard, nous vole notre attention, détourne nos pensées et nous empêche d'atteindre nos objectifs. Nous sommes alors submergés par ce que j'appelle la liste des « et si ? » qui nous réveille au milieu de la nuit et nous pousse au fond du trou.

- Et si je n'ai pas cette augmentation ?
- Et si il/elle/eux ne m'aime(nt) pas ?
- Et si je n'arrive plus à payer mon loyer ?
- Et si la négociation n'aboutit pas ?
- Et si mes enfants ne sont pas acceptés dans l'école de leur rêve ?
- Et si quelqu'un tombe malade ?

La liste de nos « et si ? » peut s'allonger indéfiniment. Mais cette liste (comprenez nos inquiétudes) est-elle toujours mauvaise en soi ? Est-elle toujours le regrettable effet secondaire de notre anxiété ? Eh bien, oui et non.

Des études ont montré que l'anxiété négative a un effet délétère sur l'attention. Distraits, nous avons alors du mal à rester concentrés sur une tâche. Cependant, des études montrent aussi que les personnes très anxieuses (qui, par exemple, souffrent du trouble anxieux généralisé, ou TAG) ont souvent une capacité à se concentrer supérieure à la normale. Pourquoi ? Parce qu'une très grande anxiété peut être la réponse exacerbée face à une menace, réelle ou imaginaire. Les personnes qui se sentent menacées sont alors hypervigilantes et focalisent toute leur attention sur le danger. Or une attention exacerbée peut influer sur n'importe quel aspect de la vie. Par exemple, récemment, des chercheurs[40] ont demandé à des sujets chez lesquels le diagnostic clinique d'un TAG avait été posé et à des individus considérés comme non anxieux sur le plan clinique, de se soumettre à un test de l'attention qui évalue les aspects des trois réseaux de l'attention : l'alerte, l'orientation et le contrôle exécutif – j'y reviendrai plus en détail. Chaque groupe a dû exécuter une même tâche avec toutefois une différence majeure entre les deux : pour l'un, une charge cognitive élevée (une forme de « stress » cognitif, par exemple compter de 100 à 0, de trois en trois) et pour l'autre, une charge cognitive basse (compter de 100 à 0). Les chercheurs ont alors découvert que lorsqu'une personne très anxieuse (avec un TAG diagnostiqué) doit effectuer une tâche avec une charge cognitive élevée, le TAG favorise une attention très élevée, la concentration nécessaire pour gérer la charge cognitive sollicitant plus fortement le réseau de l'attention. Or, généralement, lorsque la charge cognitive est trop élevée, l'attention diminue.

L'interaction entre l'attention, la réflexion et l'émotion s'exprime dans ce que l'on appelle la « fonction exécutive », autrement dit toutes les aptitudes sur lesquelles nous nous appuyons lorsque nous gérons des informations alors que nous sommes soumis à un stress et que nous voulons simplement aller au bout de ce que nous devons faire. Mais le contraire est également vrai. Lorsque des personnes anxieuses ont l'esprit plus libre (une charge cognitive basse, aucun stress et aucune stimulation), elles sont plus facilement en proie aux inquiétudes et, par conséquent, ont plus de mal à rester concentrées.

Nous avons tous une zone d'anxiété positive qui nous permet d'avoir une vision claire et nette de ce que nous voulons faire. Cet état nous aide à être tout à la tâche qui nous incombe, au projet que nous devons mener à bien et aux délais que nous devons respecter, finalement, à être plus productifs. Submergés par l'angoisse, nous sommes plus vulnérables. Nous courons le risque, d'un côté, de nous laisser distraire, de l'autre, de ne plus voir que les menaces, à tel point que nous sommes incapables de juger si la menace est réelle et mérite que nous nous y attardions, ou imaginaire et ne devrait nullement nous inquiéter. Nous devons donc apprendre à rester concentrés sur l'objectif que nous nous sommes fixé – et ce, quel qu'il soit – sans nous laisser distraire et sans toutefois tomber dans une hyperconcentration totalement inutile. Qu'est-ce que cela signifie pour celles et ceux d'entre nous qui cherchent comment canaliser leur anxiété afin qu'elle soit productive ? Eh bien, ils doivent utiliser au mieux leur liste de « et si ? ».

La bonne nouvelle est que nous pouvons non seulement apprendre à mettre à profit toute l'énergie derrière cette liste de « et si ? » et contrôler notre attention, mais aussi augmenter notre productivité. Autrement dit, trouver une manière de canaliser notre anxiété. Qui plus est, nombre de stratégies qui font que nous sommes plus concentrés et plus productifs permettent également de transformer une anxiété négative en anxiété positive grâce à la mise en place d'une boucle de feed-back, ou boucle de rétroaction positive, qui nous permet de tenir, quels que soient le bouleversement auquel nous sommes confrontés ou les bouffées d'angoisse négatives qui montent en nous. Comment ? Les principaux éléments du réseau attentionnel incluent ou se fient au contrôle exécutif qui, je vous le rappelle, joue un rôle essentiel dans la régulation de nos émotions – une étape cruciale pour apaiser l'anxiété. Mais découvrons précisément ce qui se passe sur le plan neurobiologique.

Ce qu'il faut savoir sur la fonction exécutive et le système de l'attention

Pour faire simple, la fonction exécutive désigne un ensemble de systèmes, dont le système de l'attention. La fonction cognitive repose sur trois compétences cognitives principales :

1. L'inhibition, ou le contrôle inhibiteur, est l'une des fonctions cognitives essentielles. C'est notre capacité à inhiber les éléments perturbateurs pour rester concentrés et gérer nos émotions. C'est ni plus ni moins notre capacité à réfléchir avant d'agir. Or ne pas foncer tête baissée nous laisse le temps d'évaluer une situation et les répercussions de nos actes sur cette situation. Le contrôle inhibiteur nous permet aussi de rester concentrés sur une situation ou une tâche à exécuter sans que nous soyons distraits par des éléments perturbateurs, la fatigue ou l'ennui. Le contrôle inhibiteur fait que nous sommes capables d'attendre patiemment notre tour et de ne pas exploser si quelqu'un passe devant nous. Un contrôle inhibiteur déficient fait qu'un enfant sera incapable de résister à l'envie de prendre un second bonbon lorsque l'enseignant sortira de la classe et qu'un adolescent ou un adulte n'arrivera pas à maîtriser sa colère et sera capable, dès lors qu'il a l'impression qu'on le provoque, de faire preuve de violence physique. L'anxiété – notamment l'anxiété chronique – peut exacerber le contrôle inhibiteur, d'où des difficultés pour le sujet à mettre en place un contrôle *top-down*, ou descendant, pour contenir des émotions intenses.

2. La mémoire de travail est une sorte de Cloud qui permet de stocker des informations, dans lequel une personne peut puiser dès lors qu'elle en a besoin. Les adultes font appel à leur mémoire de travail quand ils organisent leur journée, exécutent une tâche et mènent à bien un projet et tout cela en même temps. C'est notre capacité à aller chercher des données – expérience ou choses apprises dans le passé – et à les utiliser dans une situation présente ou à venir. Il ne faut pas confondre la mémoire de travail et la mémoire à court terme. Processus dynamique, la mémoire de travail nous permet d'avoir en tête des informations tout en accomplissant des tâches complexes. La mémoire de travail ne doit pas non plus être confondue avec la mémoire à long terme, les souvenirs étant stockés dans l'hippocampe. L'une comme l'autre sont essentielles. Pour faire simple, la mémoire de travail est la mémoire qui vous permet d'emmagasiner des informations importantes tout en vous projetant vers l'avenir. Par exemple, dans la série américaine *Le Jeu de la dame*, Beth Harmon, jeune prodige des échecs, visualise souvent avant de jouer un échiquier sur le plafond, ce qui lui permet d'étudier les différentes options qui s'offrent à elle avant d'avancer une pièce. Cette capacité à avoir « en tête » le placement de chaque pièce sur l'échiquier tout en choisissant quelle pièce va être déplacée (ce qui n'est pas à la portée de tout le monde) illustre parfaitement ce qu'est la mémoire de travail. Pas de panique ! Si rares sont les personnes qui, comme Beth Harmon, sont capables de se rappeler comment sont placées trente-deux pièces sur un échiquier et les différentes stratégies possibles, nous sommes tous capables de stocker dans notre mémoire le nom d'une personne que nous venons de rencontrer alors que nous sommes en pleine conversation. Une autre illustration de la mémoire de travail. L'anxiété peut avoir une répercussion négative sur la mémoire de travail. Pour preuve, il nous est tous arrivé, sous l'effet d'un stress ou d'une peur, d'oublier ce que nous voulions dire ou un nom. Le nom est toujours une donnée stockée dans notre cerveau, mais notre mémoire de travail n'est plus en mesure d'y accéder à cet instant précis.

3. La flexibilité cognitive : pour résumer, la flexibilité cognitive est la capacité de passer d'une tâche à une autre lorsque le but ou les circonstances ont changé. D'un point de vue plus conceptuel, la flexibilité cognitive fait référence à la capacité à revoir ses plans en fonction d'obstacles rencontrés, de contretemps, de nouvelles informations ou d'erreurs commises. Autrement dit, la flexibilité cognitive est la preuve que nous sommes suffisamment souples pour nous adapter lorsque des conditions changent. Ce qui est sûr, c'est que cette capacité repose à la fois sur le mental et l'émotionnel. Des chercheurs travaillant sur la relation entre l'anxiété et la flexibilité cognitive ont étudié le degré d'inflexibilité cognitive chez les personnes très anxieuses.

Or si notre réponse à une anxiété varie, notre capacité à passer d'une tâche à une autre et à nous adapter à un changement de situation varie elle aussi. Souvenez-vous de ce que je vous ai dit sur le recadrage et la réévaluation d'une situation. Et si vous considériez une erreur non plus comme une remise en cause de vos aptitudes, mais comme une information à prendre en compte ? Ce changement d'état d'esprit est l'illustration même de la flexibilité cognitive.

Les fonctions exécutives dépendent d'une multitude de zones cérébrales situées dans le cortex préfrontal (juste derrière le front, mais aussi dans d'autres zones du cerveau).

On croit souvent qu'une anxiété très exacerbée vient d'un dysfonctionnement du contrôle exécutif et de la difficulté à réguler les émotions. Or des études récentes nous permettent de comprendre précisément comment l'anxiété impacte l'attention en général et le contrôle exécutif en particulier.

Le réseau de l'attention[41] est généralement défini comme l'ensemble de trois systèmes isolés, mais liés les uns aux autres, correspondant à différentes zones anatomiques :

- le système d'**alarme** garantit un certain degré de conscience face à des stimuli présents dans notre environnement, qu'ils soient visuels ou émotionnels, et à leur niveau potentiel de dangerosité (réponse à une menace innée) ;
- le système d'**orientation** est chargé de choisir à quel stimulus prêter attention. Autrement dit, faire le tri entre ce qui est important et ce qui ne l'est pas ;

- le réseau du **contrôle** exécutif est une toile complexe d'interactions chargées d'appliquer un contrôle descendant (*top-down*) dans une situation donnée. C'est ce troisième système qui fait que nous gérons plus ou moins bien notre anxiété.

Les fonctions exécutives, compétences mentales à l'intersection de l'attention, de la réflexion et de l'émotion forme un système, ou réseau cérébral *top-down*, qui joue un rôle dans la manière dont nous contrôlons et canalisons notre anxiété et autres émotions. Nous faisons appel à nos fonctions exécutives pour agir, pour nous organiser et nous concentrer sur une tâche, pour gérer nos hauts et nos bas émotionnels. Si ce système est surmené par des facteurs de stress (trop de délais à respecter, manque de sommeil), notre capacité à gérer ces fonctions diminue. Les chercheurs ont donné le nom de « processus pénible » à cette fonction exécutive, car elle ne se produit pas de manière automatique, mais nécessite une pensée consciente et délibérée. Nous avons besoin d'une stimulation (c'est-à-dire une anxiété positive) pour motiver cet effort. Toutefois, une trop forte excitation ou stimulation peut anéantir tout effort.

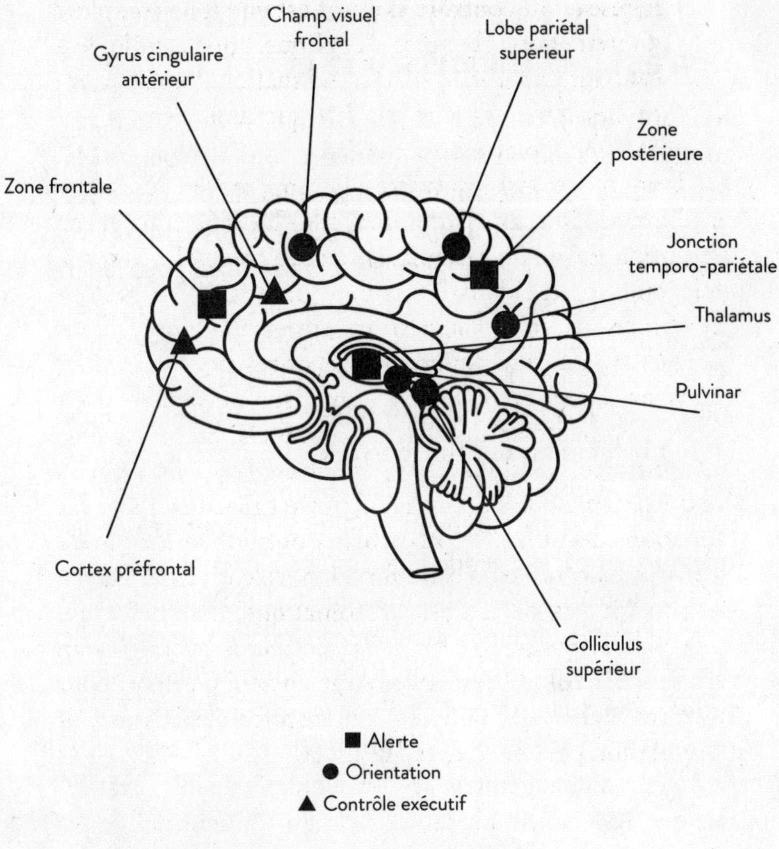

Le plus grand ensemble de structures cérébrales impliqué dans différents aspects de l'attention. Les troubles de l'attention les plus marqués sont dus à des lésions au niveau du cortex préfrontal, même si un nombre beaucoup plus important de structures cérébrales est impliqué dans la concentration et l'attention. (Extrait d'une étude menée par Petersen et Poser[42])

Kyle, ou pourquoi être multitâche n'est pas toujours une bonne chose

Kyle est une jeune fille de 15 ans qui, comme tous les adolescents, a toujours en permanence son smartphone à la main. Elle se sert de son téléphone portable pour envoyer des textos à ses meilleur(e)s ami(e)s, pour suivre toutes les activités de ses copains(ines) et connaissances, pour jouer à des jeux et, de manière occasionnelle, pour consulter ses mails – au cas où l'un de ses professeurs l'avertirait d'un changement. Kyle a toujours été très active. Tous les jours après la classe, elle s'entraîne pendant deux heures au football américain. Elle dort bien (sa mère a toujours veillé à ce qu'elle ait huit à neuf heures de sommeil par nuit) et semble parfaitement équilibrée. Toutefois, depuis quelque temps, elle est de plus en plus anxieuse.

Elle a parfois du mal à dormir, ses notes ont baissé, ce qui l'inquiète tout particulièrement dans la mesure où elle travaille autant qu'avant. Kyle a donc demandé à ses professeurs de lui donner des conseils afin que ses notes remontent. Sa mère a identifié l'élément responsable de tous ces changements. Pour elle, le coupable, c'est le fait que Kyle soit multitâche. Kyle lui soutient qu'elle se concentre mieux lorsqu'elle travaille en écoutant de la musique, en faisant des pauses ou du shopping sur son smartphone. « Ça me détend », affirme-t-elle. La mère de Kyle a cherché à en savoir plus et elle a découvert que durant l'adolescence, le cerveau continue d'évoluer et offre des possibilités étonnantes en termes de neuroplasticité. En fait, le cerveau des adolescents est si dynamique que tout changement peut se traduire par une augmentation, mais aussi une diminution du nombre de neurones.

Durant l'enfance, le cerveau est en pleine ébullition avec la mise en place de nouveaux neurones et de nouvelles synapses. Or à l'adolescence, leur nombre commence à diminuer – c'est une manière pour le cerveau de faire le ménage et de se débarrasser des synapses qui ne sont pas utilisées et qui ne nous rendent pas plus efficaces. C'est dans le cortex préfrontal et le lobe pariétal – zones cérébrales particulièrement impliquées dans les fonctions exécutives, notamment la prise de décision – que cette diminution est la plus importante. Parallèlement, d'autres synapses inutilisées se mettent en place ici et là, ce qui explique pourquoi les adolescents prennent souvent des décisions totalement irrationnelles, voire farfelues ou font preuve d'un jugement quelque peu douteux. Le système exécutif ne sait plus trop où il en est !

Kyle est tellement surexposée à nombre de stimuli – écrire sans arrêt des textos, discuter sur Snapchat, surfer sur différents sites ou passer d'une application à l'autre – qu'elle sollicite de plus en plus ses fonctions cognitives. Autrement dit, son cerveau n'est plus en mesure de faire face à un instant T à toute cette stimulation et à tous ces changements qui s'opèrent. Or cette incapacité n'est pas anodine car elle est à l'origine de l'anxiété de Kyle. Qui plus est, le fait que la jeune fille soit de plus en plus anxieuse montre un fort déséquilibre.

Est-ce que cet excès de stimulation omniprésent est à l'origine de l'anxiété ou est-ce que l'anxiété est de plus en plus perceptible et intense du fait de cette stimulation excessive ? Difficile à dire d'autant que les deux scénarii tiennent et aboutissent au même résultat. Kyle n'arrive pas à se concentrer, elle est moins productive et se sent de plus en plus perturbée. Si l'on en croit la mère de Kyle, ce qui a le plus changé, c'est que sa fille qui jusque-là a toujours eu les pieds sur terre n'arrive plus à gérer sa vie sur les réseaux, l'école, le sport et ses émotions. De mon point de vue, l'anxiété de Kyle est exacerbée alors que ses fonctions exécutives sont amoindries.

Il est plus que probable que dans quelques années, lorsque le nombre de ses neurones aura fini de diminuer, Kyle pourra de nouveau être multitâche. Or pour le moment, mieux vaut qu'elle élimine certains éléments qui détournent son attention pour que ses résultats scolaires progressent. Lorsque la mère de Kyle a insisté pour qu'elle n'ait plus son téléphone dans la même pièce qu'elle lorsqu'elle fait ses devoirs, l'humeur de Kyle a commencé à changer.

La jeune fille a même reconnu qu'elle était plus à ce qu'elle faisait et qu'elle était moins anxieuse lorsque son téléphone n'était pas à côté d'elle. Très rapidement – ce ne fut une surprise ni pour elle ni pour sa mère – ses notes ont remonté.

Si Kyle avait passé une IRMf (imagerie par résonance magnétique fonctionnelle), nous aurions à coup sûr vu que son réseau de l'attention était détourné chaque fois qu'elle était distraite par son téléphone ou autre, d'où une perturbation du circuit de l'attention et le déclenchement d'une anxiété[43].

L'histoire de Kyle montre que le système de l'attention peut facilement être impacté par des éléments extérieurs, mais aussi qu'une distraction ou une autre interruption des fonctions exécutives peut générer ou exacerber une anxiété. Kyle (et sa mère) a trouvé comment régler le problème facilement, ne serait-ce que temporairement. Idéalement, il faudrait aller plus loin et trouver, d'une part, ce qui permet à Kyle de gérer au mieux son anxiété et, d'autre part, quels types de distraction augmentent sa charge cognitive et perturbent son équilibre.

Lorsque l'anxiété augmente et commence à ne plus être supportable pour le cerveau/corps, en nous faisant repasser sur le mode « anxiété négative », en interférant avec le quotidien, retrouver notre équilibre peut être plus compliqué. Kyle n'a pas été perturbée par les différents facteurs de stress sur une très longue période et tout est rapidement rentré dans l'ordre : lorsqu'elle n'a plus été perturbée par la technologie, elle a pu de nouveau se concentrer sur son travail, et son anxiété a diminué. Mais à l'ère de la technologie, difficile d'échapper à ces éléments perturbateurs, ce qui est problématique non seulement en termes de distraction et de fonctions exécutives (perte du contrôle inhibiteur et pression sur la mémoire de travail), mais également en matière de répercussions sur d'autres voies neuronales – y compris les voies impliquées dans le circuit de la récompense qui peuvent déboucher sur une addiction. (Je reviendrai plus en détail sur les relations addictives avec certaines substances, mais aussi d'autres facteurs qui stimulent le circuit de la récompense, toutes ces choses qui nous apaisent, mais qui peuvent être lourdes de conséquences.)

Des études ont par ailleurs montré que, quel que soit notre âge, le fait d'être multitâche perturbe notre mémoire de travail, notre pouvoir de concentration et notre réflexion approfondie. Pour preuve, vous avez probablement vécu les situations suivantes. Vous conduisez et vous bavardez avec votre passager lorsque, soudain, vous comprenez que vous êtes perdu ou que vous avez pris la mauvaise sortie. Autre exemple, vous participez à une conférence par téléphone tout en lisant vos courriels. Or même si nous pensons être capables de faire deux choses en même temps, nous nous trompons. Ce que nous apprennent la psychologie et les neurosciences, c'est qu'être multitâche augmente la charge cognitive sur les fonctions cognitives, ce qui peut déclencher ou augmenter une anxiété. Mais comme toujours, il y a des exceptions à la règle. Si parfois porter toute notre attention sur les éléments qui nous distraient et essayer de rester concentrés peut augmenter la productivité – même lors de situations complexes –, il arrive que cela se traduise par une diminution de l'anxiété négative.

Mais comme nous l'avons vu, l'anxiété est rusée et si parfois nous avons du mal à gérer notre anxiété, ce n'est pas toujours parce que nous n'arrivons pas à fixer notre attention ou à rester concentrés, mais parce que l'anxiété va de pair avec une attention hyperfocalisée sur la liste des « et si ? » qui ne cesse de s'allonger.

Gail, ou comment découvrir de nouvelles manières de développer son attention et sa concentration

Gail vient de passer le cap de la cinquantaine. Après s'être totalement consacrée à ses enfants, elle vient tout juste de reprendre une activité professionnelle. Lorsque ses trois enfants ont quitté la maison pour poursuivre leurs études universitaires ou entrer dans la vie active, Gail a décidé de chercher un travail. C'est ainsi qu'elle a trouvé un poste d'employée administrative dans un cabinet dentaire. Les deux premières années lui ont permis de s'épanouir. Gail aimait ce qu'elle faisait, elle appréciait ses collègues et elle était heureuse d'encaisser son chèque à la fin du mois. Elle était aussi contente de se dire que grâce à l'argent qu'elle gagnait, son mari n'aurait plus à travailler autant. L'objectif premier du couple était de mettre des sous de côté pour qu'ils puissent passer du bon temps ensemble et voyager.

Puis les choses ont commencé à changer.

Est entrée en scène celle que Ron, le mari de Gail, appelle « Madame-je-suis-sur-tous-les-fronts » – celle qui se lève tous les matins à l'aube pour aller marcher, qui s'occupe des enfants, qui préparent trois repas par jour, qui fait du bénévolat, qui est une adepte du covoiturage, qui est impliquée dans la vie de la paroisse. Vous voyez de qui je veux parler ? Celle qui arriverait à faire tout ça même les yeux bandés. Bien que travaillant, Gail a continué sur sa lancée, affichant une efficacité et une productivité inébranlables. Puis lentement mais sûrement, Gail a fini par avouer qu'elle n'avait plus autant la « pêche ». Elle avait du mal à trouver le sommeil et se réveillait plusieurs fois durant la nuit. Elle devint de plus en plus anxieuse. L'anxiété la submergeait, la dévorait. « Je suis toujours de mauvaise humeur, avouait-elle, et mon niveau d'anxiété dépasse tout entendement. Je ne me reconnais plus. » Elle se fatiguait plus vite et avait l'impression de ne plus avoir aucune force. « J'ai la sensation qu'un éléphant de dix tonnes est assis sur ma poitrine. C'est comme si j'étais raplapla et incapable de faire le moindre mouvement. »

Gail a bien essayé de vivre avec sa mauvaise humeur et sa fatigue jusqu'au jour où elle dut reconnaître qu'elle n'arrivait plus à se concentrer. Ce fut la goutte qui fit déborder le vase. Elle consulta son médecin traitant, qui lui dit que l'anxiété et les troubles du sommeil comptent parmi les effets secondaires de la ménopause, une information qui ne l'étonna absolument pas – depuis deux ans, elle n'avait plus ses règles. Son médecin lui expliqua qu'il existe un lien entre une baisse du taux d'œstrogènes et un déclin général des fonctions cognitives avec, entre autres, des troubles de la concentration. Une analyse révéla un taux d'œstrogènes si bas que le médecin de Gail lui proposa de suivre un traitement hormonal de substitution (THS) – soit l'administration d'hormones naturelles pour remplacer les hormones qui n'étaient plus fabriquées par les ovaires –, censé soulager certains symptômes liés à la ménopause. Aucune femme dans la famille de Gail n'avait eu de cancer du sein et toutes les études scientifiques arrivaient à la conclusion qu'un THS ne présentait non seulement aucun effet secondaire, mais, au contraire, que des bienfaits, comme une diminution du risque de développer une maladie cardiovasculaire et un ralentissement du vieillissement. Gail se dit qu'elle n'avait rien à perdre. Elle avait même hâte de commencer le traitement, son médecin lui ayant plus ou moins promis qu'elle dormirait mieux, qu'elle serait moins, voire plus du tout, anxieuse et qu'elle retrouverait toute son énergie.

Ces symptômes sont-ils réellement des effets secondaires de la ménopause ? Oui. Les caractéristiques de la ménopause sont une diminution du taux d'œstrogènes, les principales hormones sécrétées chez les femmes, baisse qui peut même donner lieu à une carence. Et c'est précisément cette carence en œstrogènes qui favorise l'anxiété, les troubles du sommeil et un manque d'énergie.

Nombre de femmes ménopausées se plaignent aussi de troubles de l'attention, disent avoir du mal à s'organiser et ont de plus en plus de difficultés à se concentrer sur une tâche – tout ce dont Gail se plaignait. Or les troubles de l'attention disparaissent dès qu'un traitement hormonal de substitution est mis en place.

Gail s'est effectivement rapidement sentie mieux, même si elle dit avoir l'impression de n'avoir retrouvé que 75 % de sa concentration d'autrefois. Puis Gail tomba sur un article qui présentait différentes stratégies pour développer l'attention. L'article qui s'appuyait sur des données scientifiques prônait trois stratégies : la méditation, l'entraînement cognitif et l'activité physique. Sans la moindre hésitation, Gail décida d'essayer les trois, car non seulement elle voulait retrouver sa forme, mais elle voulait aussi que son attention et sa concentration soient encore meilleures qu'avant.

Par où commencer ? Gail opta pour la méditation, d'une part parce que cette stratégie semblait pouvoir répondre à ses attentes et, d'autre part, parce qu'elle s'était déjà renseignée sur les bienfaits de cette pratique.

Le pouvoir de la méditation

Nombre d'études scientifiques présentent la méditation comme un outil indispensable aux personnes qui ont des troubles de l'attention et de la concentration (attention détournée très facilement, ou hyperconcentration[44]). Les neuroscientifiques ont étudié l'impact de la méditation sur le cerveau en général et plus précisément sur le processus de l'attention. Le Dr Richard Davidson et ses collègues[45] ont voulu en savoir plus sur les effets de trois types de méditation :

1. la méditation avec attention focalisée sur la respiration (inspirations et expirations) qui empêche l'esprit de vagabonder ;

2. la méditation de pleine conscience, où le méditant prend conscience et est ouvert à tous les stimuli sensoriels ;

3. la méditation de compassion et de bienveillance, où le méditant dirige ses pensées d'amour et de bienveillance vers les autres et l'univers au sens large.

Chacun des trois types de méditation a un impact sur une zone précise du cerveau.

La méditation avec attention focalisée sur la respiration a un impact sur le cortex cingulaire antérieur impliqué dans l'autorégulation et la détection d'erreurs. Des études ont montré que la méditation avec attention focalisée augmente la capacité à donner une bonne réponse à un problème bien défini.

La méditation de pleine conscience affecte l'amygdale et d'autres zones du système limbique, avec une diminution sensible de l'anxiété, de la colère et de la peur.

La méditation de compassion et de bienveillance active la jonction temporo-pariétale (l'intersection entre les lobes temporaux et pariétaux du cerveau), par exemple, et est à l'origine des pensées empathiques (se mettre à la place des autres).

Ces trois types de méditation diminuent l'anxiété et favorisent une meilleure régulation émotionnelle.

Il est scientifiquement prouvé que la méditation de pleine conscience, des pratiques intégratives qui stimulent le corps et l'esprit telles que le yoga et le taï-chi, ainsi qu'une simple exposition à la nature peuvent améliorer l'attention et la régulation émotionnelle. Une étude[46] a, par exemple, révélé que trois mois de méditation intensive améliorent l'exécution de tâches nécessitant une attention visuelle chez les adultes. Une autre étude[47] a, quant à elle, montré chez des étudiants qu'une approche intégrative corps/esprit (pratique empruntée à la médecine chinoise traditionnelle qui incorpore certains éléments de la méditation de pleine conscience), à raison de vingt minutes par jour sur une période de cinq jours, améliore les performances pour la réalisation de tâches classiques d'inhibition – ou tâche Flanker d'Eriksen – chaque sujet devant concentrer son attention sur une lettre au milieu de perturbateurs visuels. Or, souvenez-vous, le contrôle inhibiteur est l'une des trois principales fonctions cognitives. Dans cette étude, le groupe de contrôle devait remplacer la méditation par des exercices de relaxation. Les chercheurs ont observé chez les sujets du premier groupe moins d'anxiété, de dépression, de colère et de fatigue, plus d'énergie ainsi que moins de stress (correspondant à un taux de cortisol moins élevé). Parallèlement, ils ont observé une plus grande vigilance, une conscience plus développée et par-delà un comportement plus approprié. Si vous n'avez jamais médité, mais que le cœur vous en dit, téléchargez plusieurs applications et voyez celle qui vous convient le mieux.

Grâce à différentes études menées sur des méditants expérimentés et des méditants novices, nous connaissons aujourd'hui l'impact de la méditation sur le cerveau. En effet, chez les méditants pratiquant régulièrement et depuis longtemps, les zones du cerveau impliquées dans le réseau de l'attention sont plus fortement activées que ces mêmes zones cérébrales des militants novices. Mais ce n'est pas tout. Les chercheurs ont également noté des différences anatomiques des zones du cerveau impliquées dans l'attention, et ce après seulement huit semaines d'une pratique régulière, ce qui nous fait dire qu'il n'est pas nécessaire de partir plusieurs mois, seul au sommet d'une montagne, pour observer les premiers bienfaits de la méditation sur le cerveau. Et croyez-moi, pour l'avoir vécu, Gail sait de quoi je parle.

L'activité physique et l'attention

Comme vous le savez, je crois aux bienfaits d'une activité physique sur le cerveau. En effet, toutes les études que j'ai menées sont arrivées à la même conclusion : une activité physique améliore l'attention et diminue l'anxiété comme le montrent, entre autres, les tests regroupés sous le nom de tâche Stroop[48]. Dans cette tâche connue de tous les étudiants en psychologie, les sujets doivent donner la couleur de l'encre dans laquelle des mots sont imprimés (ex.: rouge, vert, jaune). Lorsque la couleur correspond au mot écrit (par exemple, le mot « rouge » écrit à l'encre rouge), la réponse est facile ; or tout se complique dès lors que le mot ne correspond plus à la couleur (ex.: le mot « jaune » écrit à l'encre verte). Pour preuve, les sujets ont besoin de plus de temps pour donner la bonne réponse et dire « vert ». La capacité à inhiber le mot pour se concentrer uniquement sur la couleur est ce que l'on appelle « l'attention sélective », qui dépend du cortex préfrontal. Or des études ont montré, d'une part, qu'après une seule séance d'exercice physique, les sujets obtiennent de bien meilleurs résultats à ce test et, d'autre part, que plus l'activité physique dure dans le temps, plus les performances sont confirmées[49].

Si vous demandez à une personne qui pratique régulièrement une activité physique quelles sont les répercussions sur son humeur, je suis prête à parier qu'elle vous répondra que non seulement elle est d'humeur plus gaie, mais aussi qu'elle a plus d'énergie et qu'elle arrive mieux à se concentrer après une séance. Je sais que lorsque j'ai fait du sport (ce que je fais uniquement le matin), j'arrive mieux à me concentrer lorsque je dois rédiger un rapport, un article ou autre et que j'ai moins de difficulté à gérer un point complexe qui figure sur ma *to-do list*. Après une activité physique, je me sens plus d'attaque pour entamer ma journée.

L'activité physique améliore nombre de fonctions cérébrales. Comme un médicament, la pratique régulière d'un exercice d'aérobie diminue sensiblement l'anxiété et la dépression. Une étude a même montré qu'un exercice physique présente les mêmes bienfaits que les antidépresseurs les plus fréquemment prescrits pour traiter un trouble dépressif[50]. L'activité physique diminue les symptômes des troubles de l'anxiété avec un effet bénéfique sur les fonctions neuronales sous-jacentes[51].

Des chercheurs ont observé chez des hommes et des femmes de plus de 55 ans ayant pratiqué des exercices d'aérobie soutenus pendant trois mois consécutifs une augmentation du volume de la matière blanche, tissus du système nerveux central qui véhiculent des informations jusqu'aux cellules de la matière grise[52]. Si, à ce jour, nul ne peut expliquer pourquoi le cortex préfrontal est alors plus performant et pourquoi le volume de la matière blanche augmente, il semblerait qu'un certain nombre de facteurs de croissance dans le cerveau soient impliqués. Une seule séance de sport (au minimum trente minutes d'un sport intense avec une hausse du rythme cardiaque) suffit à augmenter les fonctions de l'attention/de la concentration[53]. Alors même si vous êtes en tenue de ville, mais que vous êtes anxieux, accélérez le pas et vous verrez que votre anxiété diminuera, que vous aurez les idées plus claires et que vous arriverez mieux à vous concentrer.

Je souhaiterais maintenant partager avec vous l'expérience suivante.

Alors que je faisais une présentation virtuelle (via Zoom) à des étudiants de première année de l'université de New York, je me suis dit que je devais faire quelque chose pour qu'ils n'oublient jamais ce moment. Ma présentation devait durer trente minutes. Je me suis dit que dix minutes avant la fin, je demanderai aux étudiants de faire des exercices physiques jusqu'à ce qu'ils « ressentent » vraiment les effets de ces exercices sur leur humeur et les fonctions cognitives. Puis à la dernière minute, j'ai pensé qu'il serait intéressant d'évaluer leur niveau d'anxiété en leur soumettant un test d'anxiété rapide avant de commencer les exercices physiques puis juste après. Les étudiants ont joué le jeu et je me suis engagée à leur transmettre les résultats ultérieurement. J'ai noté un degré d'anxiété élevé chez tous les étudiants avant les exercices physiques et une baisse sensible (un score de moins de cinquante points) à l'issue de la séance, le niveau d'anxiété étant dans la moyenne. Une bonne raison s'il en est de consacrer dix minutes par jour à la pratique d'une activité physique !

Veronica, ou la promesse d'augmenter ses performances

Pour étudier les effets d'une activité physique sur le cerveau, je fais souvent appel aux étudiants qui travaillent dans mon laboratoire. Un jour, l'un d'entre eux, que j'appellerai Veronica, s'est porté volontaire. Cette sportive de haut niveau pratiquait depuis de nombreuses années le patinage artistique en couple et elle s'entraînait dur en vue de remporter une médaille aux Jeux olympiques. Notre premier objectif était de voir l'impact d'une activité physique sur la capacité d'une personne à faire un exercice sollicitant le cortex préfrontal. La consigne était de tracer une ligne entre des chiffres et des lettres, du plus petit chiffre au plus grand et, pour les lettres, dans l'ordre alphabétique. Les chiffres et les lettres étaient écrits de manière aléatoire sur une feuille, il fallait passer en revue tous les chiffres et toutes les lettres et tracer un trait entre le 1 et le A, le 2 et le B, etc. en un temps limité. L'exercice nécessitait de mémoriser la place de chaque chiffre et de chaque lettre, un exercice qui demandait de l'attention et sollicitait le travail de mémoire. En effet, il fallait se souvenir où était le « 8 » et où était le « K » afin de ne pas perdre de temps à les chercher parmi tous les chiffres et toutes les lettres.

Je demandai à Veronica d'être la première à faire le test. En effet, je savais que pédaler durant cinquante minutes sur un vélo d'appartement ne serait pas un problème pour elle. Comme prévu, elle franchit cette étape haut la main, mais le plus surprenant fut la vitesse à laquelle elle réalisa le test portant sur les chiffres et les lettres. Je n'avais jamais vu quelqu'un le faire aussi vite et, aujourd'hui encore, personne n'a réussi à battre Veronica. Elle n'avait jamais fait le test auparavant. Je l'ai vue passer tous les chiffres et toutes les lettres en revue et quand j'ai dit « go » et appuyé sur le chronomètre, j'ai eu l'impression qu'elle savait précisément où se trouvaient chaque lettre et chaque chiffre. Je n'en croyais pas mes yeux.

Comment expliquer une telle performance ? Veronica est la seule athlète que j'ai eue dans mon laboratoire et je dois avouer que j'aimerais vraiment proposer ce test à d'autres sportifs de haut niveau. À quoi est due une telle performance ? Au fait que les athlètes doivent évaluer le plus rapidement possible une situation afin de savoir précisément quel geste ils doivent exécuter – je pense notamment aux slalomeurs qui visualisent la descente avant de s'élancer, l'objectif étant de grappiller le moindre millième de seconde ? Aux exercices d'aérobie ? Est-ce que pratiquer régulièrement des exercice permet de mieux canaliser l'énergie et d'augm performance ? Pour le savoir, il me faudrait travaille d'autres athlètes.

Les dernières études sur l'attention

Ces dernières années, les travaux des chercheurs menés sur l'attention ont principalement porté sur les adeptes des jeux vidéo, l'objectif étant de définir si les jeux vidéo diminuent ou, au contraire, développent l'attention et s'ils ont des effets bénéfiques ou délétères sur le bien-être en général. En 2018 fut publiée une compilation de toutes les études réalisées sur les jeux vidéo, les jeux d'action, mais aussi les programmes d'entraînement cérébral et les jeux d'énigme. Et les études de montrer que Tetris, l'un des jeux de puzzle les plus populaires auquel nombre d'individus sont accros, a des effets bénéfiques sur la mémoire à court terme et la rapidité de traitement des informations supérieures aux programmes d'entraînement cérébral classiques. Pour ce qui est du développement de capacités en termes de résolution de problèmes, le jeu de réflexion et d'action Portal donne, quant à lui, des résultats bien meilleurs que le programme d'entraînement cérébral Luminosity. Si les résultats des différentes études varient quelque peu en fonction de l'âge des joueurs, de leur sexe et de la durée de l'étude elle-même, tous vont dans le même sens et font dire aux chercheurs que les jeux vidéo favorisent le développement des fonctions cognitives chez les enfants et diminuent le déclin cognitif chez les adultes de plus de 65 ans et en bonne santé. Conclusion : les jeux

d'entraînement cérébral sont une
té cérébrale et de son rôle dans le
tions cognitives[54].

mment apprendre
anxiété différemment

ffaires à qui tout réussit. À 32 ans, après avoir créé et revendu quatre entreprises, il vient de fonder une start-up dans le domaine de la recherche, l'objectif étant de développer une technologie pour que les avions aillent encore plus vite. Or, ironie du sort, la société a du mal à décoller ! (Je tiens à préciser que Dev a créé cette société bien avant que le trafic aérien international ne soit impacté par la pandémie de la Covid). Dans un premier temps, sa réputation dans le monde des affaires lui valut la confiance de nombre d'investisseurs, ce qui permit à son équipe de réaliser un prototype. Or trouver les fonds pour passer à la deuxième phase, à savoir tester l'appareil avec des clients à bord, s'avéra beaucoup plus difficile. Dev faisait sans cesse la navette entre ses bureaux de New York et de Los Angeles pour essayer de dénicher des investisseurs potentiels. Il était, comme il me le confia plus tard, terriblement angoissé.

Dev a toujours adoré ressentir cette montée d'adrénaline qui va de pair avec la création d'une entreprise et il était fier de cette capacité qu'il avait de pouvoir surmonter les difficultés et la pression pour arriver à ses fins – enfin, tant qu'il était capable de gérer son stress et de canaliser son énergie. Puis il a commencé à se poser des questions. Et si, cette fois, les choses se passaient différemment ?

Et s'il n'arrivait pas à atteindre son objectif? La peur et l'anxiété s'emparèrent de lui, ce qui ne fit qu'augmenter le poids qu'il avait déjà sur les épaules. Il se mit à douter de lui et de son projet – même s'il avait conscience que c'était la dernière chose à faire –, sans toutefois oser en parler à qui que ce soit. Il repassait en boucle les différentes conversations qu'il avait eues avec des investisseurs potentiels, ce qui ne faisait qu'empirer la situation.

Lui qui pensait pouvoir facilement récolter des fonds devait affronter la réalité en face et il ne voyait pas comment se sortir de cette mauvaise passe. L'anxiété était de plus en plus forte, à tel point qu'elle le dépassait totalement.

Une nuit, alors qu'il était totalement désespéré, Dev envoya un texto à une ancienne collègue, Monica, qui comme lui avait créé plusieurs start-up. Dev ne lui avait jamais demandé de conseils, mais il savait que nombre de personnes s'adressaient à elle lorsqu'elles étaient au pied du mur. Dev savait qu'il pouvait lui faire confiance et lui parler librement. Monica accompagnait les investisseurs dans la dernière phase de leur projet de développement, et sur la liste (déjà bien longue) de ses clients figuraient deux start-up à la création desquelles Dev avait participé.

Deux secondes après avoir envoyé son texto, Dev reçut un appel de Monica.

Dev se sentit apaisé dès qu'il entendit le son de sa voix. Il l'imagina, chic et apprêtée comme toujours. Sans la moindre hésitation, il lui expliqua la situation.

C'est alors que Monica lui fit une révélation. Toute sa vie, elle avait été en proie à l'anxiété. Lorsqu'elle était plus jeune, elle était tellement obsédée par les conséquences de ses actes qu'elle ne savait jamais trancher. Cette situation était si difficile à vivre qu'elle avait décidé de se prendre en main et de trouver une autre manière de gagner sa vie.

Dans le portrait que Monica faisait d'elle, Dev avait du mal à reconnaître la Super Woman qu'il admirait tant.

Après lui avoir livré son secret, Monica expliqua à Dev qu'elle avait ensuite compris que ses tendances obsessionnelles étaient en vérité un sacré avantage tant sur le plan professionnel que sur le plan privé (une illustration d'un état d'esprit militant). En effet, Monica s'était aperçue que lorsqu'elle était en proie au stress (une charge cognitive élevée), elle avait un pouvoir de concentration tel qu'elle était capable d'identifier tous les obstacles dans une situation donnée. Alors pourquoi ne pas utiliser cet instinct pour dresser la liste de tous les scénarii envisageables ? Et ça avait marché dans sa vie privée comme dans sa vie professionnelle. Monica réalisa que sa liste de « et si ? » ne signifiait pas que tout échappait à son contrôle, mais qu'elle devait s'en servir comme d'un outil pour être plus efficace et évaluer précisément les projets sur lesquels elle travaillait. Autrement dit, Monica allait se servir de son anxiété de manière productive afin de se tenir en dehors de sa zone d'inconfort. Au fur et à mesure qu'elle apprenait à utiliser son anxiété positive (contrôle descendant, ou *top-down*, du système de l'attention) pour prendre des décisions et agir, elle puisait son énergie dans ses peurs. Comme elle le dit à Dev, « accepter cette anxiété qui était en moi m'a rendue plus performante dans mon travail ».

1. Dev comprit immédiatement ce qui lui restait à faire : utiliser lui aussi son anxiété pour se concentrer sur sa liste de « et si ? » afin d'identifier les points négatifs qu'il rencontrait, les évaluer, prendre une décision et trouver les arguments pour convaincre ses clients et les investisseurs potentiels. Depuis, voici comment Dev met en pratique la stratégie développée par Monica.

2. Il réfléchit à la situation qui lui pose un problème et se demande quelle issue il vise, tout en prenant en compte ses inquiétudes et sa peur de ne pas réussir.

3. Puis il note noir sur blanc tous les « et si ? » qui lui viennent à l'esprit, autrement dit tous les obstacles qui peuvent éventuellement l'empêcher d'atteindre son objectif.

4. Il écrit ensuite les différentes solutions envisageables pour chaque « et si ? » (le simple fait de dresser la liste des scénarii ou des issues possibles résout en partie les problèmes).

5. Chaque fois qu'il met en place une action, il raye la question qui jusque-là lui posait un problème.

6. Il reprend la liste, la réactualise pour ne plus se concentrer que sur les points en suspens.

Et ainsi de suite jusqu'à ce qu'il atteigne son objectif.

Dans un premier temps, Dev s'est livré à cet exercice dès qu'une situation professionnelle l'inquiétait, voire l'angoissait, puis il s'est rendu compte que cette stratégie pouvait également l'aider dans sa vie privée. Au lieu de se laisser arrêter par les obstacles qui se mettaient en travers de son chemin, il a appris à canaliser son inquiétude (à utiliser sa liste de « et si ? ») pour agir. En d'autres termes, il faisait de son anxiété un super pouvoir pour être plus efficace et productif.

Dev se sentit investi d'un super pouvoir dont lui seul avait connaissance. Et s'il savait pertinemment que l'anxiété serait toujours présente dans sa vie, il comprit qu'il avait le pouvoir de la canaliser pour que tous ses « et si ? » deviennent des instruments dont il se servirait pour se relever et aller de l'avant. Et lorsqu'une petite voix intérieure remettait en question ses décisions, il savait qu'il pouvait avoir confiance en lui. Il savait que focaliser son attention sur des détails lui permettait non seulement d'anticiper, mais aussi d'être plus à l'aise. Il apprit à se fier à son instinct et à ne plus vouloir que chacune de ses idées aboutisse. Certaines marcheraient, d'autres non. Et alors ?

Meilleure est la concentration, plus grande est la productivité

Dans ce chapitre dédié à la neurobiologie de l'attention, nous avons découvert comment développer l'attention (par l'activité physique et la méditation), comment voir dans l'attention focalisée une forme d'anxiété positive (ou comment transformer une attention focalisée, comme ce fut le cas pour Dev, et arriver à une anxiété positive) pour, finalement, être plus productif.

Dev, par exemple, est devenu plus productif dès qu'il a commencé à utiliser sa liste de « et si ? » pour résoudre les problèmes qu'il rencontrait dans son travail.

Les résultats scolaires de Kyle se sont améliorés dès qu'elle a supprimé les éléments perturbateurs qui détournaient son attention lorsqu'elle faisait ses devoirs.

Gail a pu retrouver son énergie d'autrefois grâce à la méditation, qui lui permit de mieux se concentrer et rester attentive. (Le traitement hormonal de substitution y fut aussi pour quelque chose !)

La rapidité avec laquelle Veronica a fait le test (mémoire de travail) a prouvé les effets bénéfiques d'une activité physique sur l'attention focalisée.

Dans ces quatre exemples, chaque personne a su utiliser l'énergie sous-jacente de l'anxiété négative et la canaliser via le réseau de l'attention. S'ils n'avaient pas compris la manière dont agit le réseau de l'attention, ils n'auraient pas été capables de canaliser leur anxiété, voire de faire qu'elle diminue. De plus, lorsqu'ils éliminent les stimuli négatifs (comme ce fut le cas pour Kyle), ils apaisent leur cerveau/corps (Gail et Dev) ou simplement s'appuient sur leurs aptitudes (Veronica), leurs capacités attentionnelles se développent. Autrement dit, l'anxiété positive favorise l'attention lorsque l'on est capable de :

- éliminer tout ou une partie des éléments perturbateurs ;
- méditer pour une meilleure concentration et une meilleure productivité ;
- pratiquer une activité physique pour se calmer et être plus vigilant ;
- transformer une liste de « et si ? » anxiogène en une liste de projets réalisables.

7

DÉCOUVREZ VOTRE CERVEAU SOCIAL, RÉPRIMEZ VOTRE ANXIÉTÉ SOCIALE ET DÉVELOPPEZ VOTRE COMPASSION

Tout au long de notre vie, nous utilisons le langage, mais aussi d'autres outils non verbaux pour savoir ce que les autres ressentent et exprimer nos pensées, nos sentiments, nos désirs et nos intentions. Expressions du visage, gestuelle, ton de la voix ou vocabulaire utilisé sont autant de comportements acquis qui nous permettent d'interagir avec notre entourage et de communiquer au sein d'une société. Nous évoluons et nous nous adaptons aux différentes normes sociales des différents groupes auxquels nous appartenons – famille, école, travail et autres cercles plus larges. Plus nous possédons les codes propres aux uns et aux autres, plus nous avons l'impression de contrôler notre vie et moins nous avons de mal à parcourir le monde, à mener une carrière professionnelle et à nouer de nouvelles relations. Daniel Goleman fut le premier à utiliser le terme « intelligence sociale » (ou QS, pour quotient social) pour décrire notre capacité à passer d'une situation sociale à une autre tout en prenant en compte les émotions d'autrui. Pour le psychologue américain, le QS (tout comme l'intelligence émotionnelle, ou l'IE) en dit beaucoup plus long sur nos chances de réussir sur les plans personnel et professionnel que le quotient intellectuel, ou QI. Or, toutes ces aptitudes sociales jouent un rôle primordial dans la manière dont nous gérons notre anxiété et apprenons à la contrôler.

Ces capacités se développent dès la naissance. Dans les échanges qu'il a avec son père, sa mère ou sa nourrice, un bébé fixe son attention sur les stimuli physiques et émotionnels qui lui sont adressés. Un bébé est programmé pour observer et répondre aux expressions du visage et au contact visuel établi, notamment avec sa mère. De ce type d'interaction dépend l'attachement qui lie l'enfant à l'adulte et compte parmi les bases indispensables qui font qu'un enfant sera épanoui sur les plans émotionnel et psychique. Rapidement, le bébé et ses parents commencent à mettre en place une communication non verbale – ce que les neuroscientifiques appellent « synchronie sociale ». De cette première communication dépend la manière dont l'enfant interagira plus tard avec les autres. En fait, l'absence d'interaction, ou une interaction incohérente entre l'adulte et l'enfant, aura des répercussions négatives sur le développement cognitif et émotionnel de l'enfant. En effet, plusieurs études ont montré un plus faible QI, de plus grandes difficultés à se contrôler, mais aussi des résultats scolaires mauvais voire médiocres et des compétences sociales moins développées chez les enfants avec lesquels les parents communiquaient peu ou pas[55].

Les communications verbale et non verbale font partie de l'ensemble des aptitudes sociocognitives qui sont ancrées dans la biologie des mammifères et sont liées à des réseaux cérébraux spécifiques[56] (voir ci-dessous). Lorsque nous interagissons avec les personnes de notre entourage, nous collectons nombre d'informations importantes. En observant comment réagissent les autres, nous savons quel comportement adopter et déterminer si une situation ou une personne nous sont salutaires ou, au contraire, délétères. Ces interactions durant l'enfance et l'adolescence définissent les adultes que nous allons devenir, la manière dont nous nous comporterons envers les autres, si nous préférerons être seuls ou entourés, mais aussi notre façon de gérer les conflits, de nous défendre, coopérer, collaborer et faire des compromis – soit toutes ces aptitudes sociales qui nous permettront d'évoluer dans le monde au milieu des autres, de vivre une relation amoureuse, de tisser de vrais liens d'amitié, d'éduquer nos enfants, de mener une carrière professionnelle et d'appartenir à différents groupes.

Nous savons que tisser et garder des liens avec les êtres qui nous sont chers, avoir une vie sociale riche et épanouie et éprouver de l'empathie (faculté de comprendre les points de vue et ressentir les émotions d'une autre personne) ont un effet protecteur sur le cerveau/corps dans la mesure où tous ces facteurs augmentent la tolérance au stress et diminuent l'anxiété négative, soit autant de facteurs qui font que nous nous sentons bien et gérons mieux notre vie. En effet, l'anxiété positive, celle que nous ressentons lorsque nous arrivons à réguler nos affects et tenons compte de nos émotions, y compris des émotions négatives qui génèrent un malaise, peut nous pousser à nous ouvrir vers l'extérieur et à tisser des liens avec les autres. Nous savons aussi que lorsque l'anxiété est trop forte, lorsque notre degré de tolérance face au stress ou à un malaise nous fait franchir un certain seuil, nous avons de plus en plus de mal à vivre avec autrui.

Plusieurs études ont montré que le stress chronique peut perturber le bon fonctionnement du cerveau, d'où des difficultés à avoir une vie sociale et à tisser des liens. De plus, sous l'effet d'un stress chronique, le cortex préfrontal rétrécit, d'où des troubles de la mémoire. Lorsque nous sommes anxieux, nous avons souvent tendance à nous mettre en retrait et à éviter tout contact avec les autres, soit à appliquer des stratégies de *coping* sur lesquelles nous nous appuyons lorsque nous avons peur ou que nous ressentons un malaise, une manière de court-circuiter notre réponse face à l'anxiété : éviter une situation au lieu d'affronter les facteurs déclencheurs. Mais si nous sommes programmés pour avoir une vie sociale, pourquoi nombre d'entre nous s'angoissent-ils à l'idée même de devoir sortir de chez eux, de se joindre à un groupe pour faire une excursion, d'aller à une soirée, d'assister à un spectacle ou tout autre événement ou de rencontrer de nouvelles personnes ? Pourquoi est-ce si douloureux ? Pourquoi faire ce pourquoi nous sommes nés nous angoisse-t-il autant ?

Lorsque la situation n'est plus supportable et que l'anxiété sociale devient une pathologie, les médecins parlent du trouble d'anxiété sociale, qui n'a rien à voir avec l'anxiété que nous éprouvons tous lorsque nous devons participer à un événement et que nous sentons monter en nous la nervosité, voire la peur. Le trouble d'anxiété sociale a des répercussions sur le fonctionnement de certaines zones cérébrales, notamment celle du cortex cingulaire antérieur[57] et favorise une hyperactivation du système limbique. Nous avons vu que nous pouvons apprendre à canaliser l'anxiété du quotidien, à focaliser notre attention et à maîtriser la peur qui monte immédiatement en nous, notamment lorsque cette anxiété est exacerbée par certaines situations. Si, par exemple, alors que nous devons partir en excursion, notre première réaction est de fuir cette situation, nous pouvons apprendre à maîtriser notre peur. En outre, plus notre cerveau social et l'intelligence qui va avec se développent, plus nous sommes en mesure de nous prémunir contre l'anxiété sociale et l'isolement qui s'ensuit.

L'isolement va de pair avec l'anxiété négative, l'un ne faisant qu'accroître l'autre. Or l'isolement résulte en partie d'un manque d'attachement social et d'interactions. C'est pourquoi les médecins et autres thérapeutes recommandent à leurs patients d'avoir des activités, de reprendre contact avec leur famille, leurs amis, leurs collègues ou des groupes de soutien. Autrement dit, pour sortir de l'isolement et guérir, rien de mieux que côtoyer d'autres personnes. Mais il arrive que l'anxiété soit si forte et persistante que le cerveau se modifie, ce qui génère des anomalies et des erreurs de traitement dans les zones qui affectent la manière dont nous nous voyons dans une relation avec autrui, ce que les chercheurs appellent « isolement perçu ». (Certains chercheurs ont même émis l'hypothèse selon laquelle ces dysfonctions cérébrales apparaissent en premier, comme une sorte d'anomalie génétique qui prédisposerait certains individus à l'isolement.) Si nous aimerions bien évidemment savoir quel facteur déclenche tel autre – lequel entre la poule et l'œuf est arrivé en premier –, le plus important, c'est d'être conscients que l'isolement est dangereux, qu'il exacerbe l'anxiété et affecte des millions d'individus[58].

Une étude récente reposant, entre autres, sur l'échelle de solitude UCLA (université de Californie à Los Angeles), menée par la société d'assurance santé Cigna[59], a montré que la moitié des adultes américains se sentent isolés. Or nous savons aujourd'hui que, du point de vue de la santé, nombre de risques sont liés à la solitude. Par exemple, une méta-analyse portant sur trois cent mille patients a révélé que le risque de décès prématuré est 50 % supérieur chez les personnes souffrant d'isolement social que chez les sujets ayant une vie sociale épanouie[60]. Du point de vue psychologique, plus le niveau d'isolement est élevé, plus les dysfonctionnements métaboliques, les troubles du sommeil et les troubles cardiovasculaires sont importants et plus le taux de mortalité est élevé.

Par conséquent, si l'anxiété sociale négative engendre une succession de problèmes, voire peut être un véritable obstacle pour les personnes ayant une vie sociale, nous devons absolument nous demander comment faire pour que l'anxiété positive nous vienne en aide.

Mieux comprendre comment fonctionne le cerveau social et comment se développe l'intelligence sociale nous protège des effets délétères de l'anxiété, y compris des réponses de peur qui peuvent nous inciter à nous mettre en retrait et à nous isoler. Nous pouvons également nous servir de l'excitation et de l'attention exacerbée qui vont de pair avec l'attention positive pour tisser des liens avec d'autres personnes. Nous pouvons aussi développer notre faculté à éprouver de l'empathie. Or l'empathie est un outil dont nous ne devons pas nous passer. En effet, plus nous sommes connectés aux autres, plus notre cerveau/corps est en bonne santé et plus riche est notre vie. Mais ce n'est pas tout ! Nous pouvons faire de l'empathie l'un de nos super pouvoirs – et ça, mes amis, c'est ce que l'on appelle la compassion.

Le cerveau social vu de l'intérieur

L'histoire de Phineas Gage[61], que nombre d'entre vous connaissent certainement, a permis aux chercheurs de mieux comprendre ce que l'on appelle « le cerveau social ».

Ancien ouvrier promu au poste de contremaître au milieu des années 1800, Phineas Gage eut un accident qui causa des lésions irréversibles dans plusieurs zones cérébrales, notamment le cortex préfrontal, soit la partie la plus proche de la ligne médiane du cerveau. Avant l'accident, Phineas Gage était décrit par ceux qui le connaissaient comme un employé qui ne rechignait pas à la tâche, un chef responsable apprécié de tous ses subordonnés. Après l'accident, les médecins qui le suivaient et observaient ses comportements affirmèrent que si ni son intelligence ni sa mémoire ne semblaient altérées, sa personnalité et sa capacité à vivre en société avaient radicalement changé. Et ses employeurs de dire de lui après l'accident : « Il a tellement changé que nous ne pouvons plus le laisser au poste qu'il occupait jusqu'alors. » En effet, lui qui avait toujours été calme, courtois et poli était perpétuellement agité, irrévérencieux et proférait les pires jurons qui soient. Ses amis et ses collègues ne pouvaient que constater que « Gage n'était plus Gage », Gage était un autre homme.

Si l'histoire de Phineas Gage est reprise dans tous les manuels de neurosciences, c'est parce qu'elle nous a permis de comprendre le rôle essentiel que joue la partie médiane du cortex préfrontal dans l'intelligence sociale. Grâce à Phineas Gage, d'autres troubles ayant également un impact délétère sur les interactions sociales ont pu être identifiés. Les neuroscientifiques et les chercheurs en psychologie cognitive appellent « mentalisation » cette faculté essentielle d'imaginer et d'interpréter ses propres comportements et les comportements d'autrui, qui est altérée chez Phineas Gage. Une illustration de cette altération que l'on connaît tous est l'autisme : les sujets souffrant d'un trouble autistique ont du mal à communiquer socialement et verbalement, mais aussi à identifier correctement les états mentaux et émotionnels des autres personnes (mentaliser).

Des études d'imagerie cérébrale ont montré que deux zones principales étaient impliquées dans la mentalisation. La première est pile au milieu de la zone du cerveau qui fut endommagée chez le pauvre M. Gage, à savoir la partie médiane du cortex préfrontal, ou cortex cingulaire antérieur (voir page 210). Cette zone est activée lorsque les personnes observent (ou sont conscientes de) leurs propres états mentaux, mais aussi les actes des autres personnes. L'autre zone cérébrale impliquée dans la mentalisation est à la frontière entre les lobes temporaux et les lobes pariétaux, d'où son nom de jonction temporo-pariétale. Cette zone est activée lorsqu'une personne regarde quelqu'un d'autre réaliser une action. C'est dans cette zone que des chercheurs italiens ont identifié les « neurones miroirs[62] ».

Les neurones miroirs fonctionnent tels des neurones de mentalisation dans la mesure où ils sont activés lorsque les sujets éprouvent de l'empathie. Si les neurones miroirs ne sont probablement pas les seuls éléments qui permettent de comprendre tout ce qui a trait à l'empathie, tout semble prouver qu'ils jouent un rôle majeur dans ce domaine[63]. Les neurones miroirs ont été identifiés pour la première fois au début des années 1990 lors d'études menées sur des macaques. Ces neurones très particuliers s'activent chez un singe lorsqu'il se nourrit, mais aussi lorsqu'il voit un congénère manger[64]. Des études plus récentes ont permis d'identifier un réseau cérébral plus vaste du circuit miroir, dont certaines zones du cortex insulaire antérieur qui sont activées sous l'effet d'une douleur vécue ou d'une douleur empathique (douleur ressentie en présence d'une personne en souffrance[65]). Si du point de vue neuroscientifique nous connaissons beaucoup mieux le processus de l'empathie, le lien entre les neurones miroirs et l'empathie demande à être précisé[66].

Comme nombre d'autres fonctions cérébrales dont nous avons parlé, l'empathie est générée à la fois par des mécanismes ascendants (*bottom-up*) et des mécanismes descendants (*top-down*). L'empathie repose non seulement sur l'activation automatique des neurones miroirs, qui perçoivent et identifient les émotions éprouvées par les autres, mais aussi sur la mentalisation, faculté plus consciente qui permet de déduire l'importance de ce qu'une personne ressent. Une troisième composante de l'empathie joue toutefois un rôle majeur dans notre compréhension : la conscience de soi et la régulation émotionnelle. En effet, il faut être bien dans sa tête pour se mettre à la place des autres.

Un grand nombre de zones du cerveau sont impliquées dans la perception sociale, y compris dans la manière dont nous traitons une information et réagissons à une situation sociale. Certaines zones sont impliquées dans la prise de décision et l'attention qui influent sur la manière dont nous interagissons socialement. Ces zones se situent dans le cortex préfrontal alors que d'autres fonctions sociales (identification et interprétation de repères sociaux, du gestuel, du langage du corps, etc.) se produisent dans l'amygdale, là où sont également traitées les principales réponses émotionnelles. Ce qu'il faut retenir de tout cela,

NEUROANATOMIE DU CERVEAU SOCIAL (PELPHREY ET CARTER)[67]

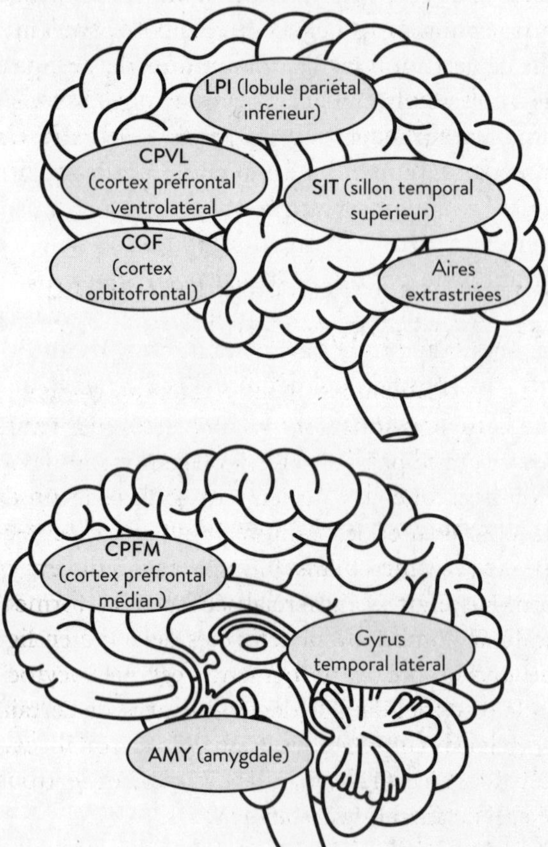

c'est le nombre important de zones du cerveau que nous utilisons et dont nous avons absolument besoin pour traiter et réagir à des situations sociales.

Cette illustration et les recherches anatomiques menées sur le cerveau social laissent supposer que l'intelligence sociale est un mélange d'attention, de perception et de régulation émotionnelle. Or comme nous l'avons vu, de tous ces réseaux neuronaux dépend la manière dont nous gérons les réponses à un stress et canalisons notre anxiété.

L'ocytocine, l'hormone de l'amour qui réduit l'anxiété

Vous avez probablement tous entendu parler de l'ocytocine, cette hormone dont les propriétés sont vantées dans la presse grand public, souvent présentée sous le nom racoleur d'« hormone de l'amour » et comme le produit infaillible pour traiter la timidité. Vous avez peut-être aussi tapé « ocytocine » dans Google et découvert que cette hormone était commercialisée sous la forme de spray nasal par nombre de plateformes de vente en ligne. Or ce que vous ignorez certainement, c'est que l'ocytocine joue un rôle essentiel dans le développement de certaines qualités sociales (intelligence sociale) et qu'il existe une corrélation entre l'absence d'ocytocine et le trouble d'anxiété sociale ainsi que l'isolement[68].

L'ocytocine est sécrétée et libérée par des cellules présentes dans l'hypothalamus, petite zone située au milieu du cerveau, au rôle majeur. Nous connaissons particulièrement bien le rôle de l'ocytocine lors d'un accouchement :

stimulation des contractions utérines pour, d'une part que le bébé descende dans le bassin et franchisse le canal pelvien, et d'autre part que le placenta soit expulsé (la délivrance) et le lait maternel produit. Mais l'ocytocine favorise également l'attachement mère-enfant. En effet, l'ocytocine est véritablement l'hormone de l'amour ; sans ocytocine, les femmes auraient du mal à tisser ces liens uniques qui les lient à leur enfant.

Les travaux du professeur Tom Insel[69] ont levé le voile sur d'autres propriétés de l'ocytocine. En effet, celui qui fut le directeur du National Institute of Mental Health, établissement spécialisé dans la recherche sur les maladies mentales, et ses collègues ont découvert le rôle crucial de l'ocytocine et de la vasopressine, un neurotransmetteur, dans la relation amoureuse des campagnols des prairies (*Microtus ochrogaster*). Pour faire simple, le Pr Insel et son équipe ont découvert que si les campagnols des prairies s'accouplent et restent fidèles à leurs partenaires toute leur vie, c'est grâce à l'ocytocine. Les campagnols des prairies comptent parmi la poignée de mammifères dont la vie de couple dure. Pourquoi ? Parce que lors de l'accouplement, la femelle sécrète de l'ocytocine et le mâle de la vasopressine. Des études complémentaires ont, quant à elles, montré que l'ocytocine nous permet d'apprendre les codes des comportements sociaux et de la reconnaissance sociale et de tisser des liens profonds avec les autres, ce que ne savent pas faire les personnes qui souffrent d'un isolement chronique ou de longue durée.

Les chercheurs ont observé que l'ocytocine « module » l'anxiété et intervient dans la régulation de la réponse à un stress en ayant un effet calmant sur le cerveau/corps. Des études ont notamment montré une corrélation entre un taux élevé d'ocytocine dans le sang et une faible réponse au stress et à l'anxiété chez les patients déprimés[70]. Comment ça marche ? Il semblerait que la libération d'ocytocine favorise ce que les scientifiques appellent le *coping* social – demander de l'aide et chercher du soutien auprès des autres, ce qui, bien évidemment, diminue l'anxiété.

Réfléchissons un instant. Notre organisme est donc capable de produire une substance chimique qui nous permet de demander de l'aide afin que nous soyons moins anxieux et nous sentions moins isolés. Mais alors, que se passe-t-il lorsque ce mécanisme est perturbé ou interrompu ?

Le rôle de l'ocytocine est tel que nombre d'études ont été réalisées afin de trouver comment la remplacer de manière artificielle ou comment stimuler la production et la sécrétion naturelles. Vous avez peut-être vu des sprays censés augmenter le taux d'ocytocine chez les sujets anxieux. Des chercheurs se sont penchés sur les effets de ces sprays chez les humains. Ils ont étudié un groupe de contrôle (des adultes avec des relations sociales dites « normales ») et un groupe constitué d'hommes et de femmes souffrant du trouble d'anxiété sociale ou du trouble du spectre de l'autisme (TSA). Les résultats n'ont pas permis de tirer des conclusions probantes. En effet, si les sprays diminuent l'anxiété, augmentent la reconnaissance sociale et la motivation sociale, ils varient considérablement d'un sujet à un autre et n'améliorent pas toujours de manière fiable les mécanismes sociaux. Qui plus est, selon les populations, les résultats diffèrent. Une étude récente a passé au crible toutes les données collectées sur le sujet. Les chercheurs ont conclu qu'aujourd'hui, nul ne peut dire si les sprays d'ocytocine ont ou non un réel effet bénéfique sur l'anxiété et la dépression[71].

Peut-on encore espérer que nous puissions inhaler de l'ocytocine afin de mieux gérer notre anxiété ? Oui. Les études n'en sont qu'à leur balbutiement et il reste encore beaucoup à découvrir. En fait, tous les chercheurs spécialisés dans les neurosciences sociales vous diront que les études menées sur l'ocytocine progressent de jour en jour et que si nous ne savons pas encore comment utiliser les sprays d'ocytocine pour gérer l'anxiété, nous connaissons de mieux en mieux les effets de l'ocytocine. En effet, tous les travaux sont prometteurs et mieux nous comprendrons comment fonctionne cette hormone et dans quelle mesure nous devons élever le taux d'ocytocine, plus nous serons en mesure de traiter l'anxiété sociale.

Le pouvoir du QS (quotient social)

L'empathie et sa petite sœur la compassion sont en fin de compte des super pouvoirs de l'anxiété. Comprendre comment nous pouvons développer l'une et l'autre repose sur la science de l'intelligence sociale, ou QS, pour quotient social. Une toute nouvelle branche des neurosciences s'intéresse particulièrement au quotient social et à son rôle en termes de bien-être général. Si l'on en croit Daniel Goleman, chef de pensée et auteur de *L'Intelligence émotionnelle* (J'ai Lu, 2003)[72] et *Cultiver l'intelligence relationnelle* (Pocket, 2006)[73], le cerveau social a cinq fonctions principales.

1. La synchronisation interactionnelle : la première expérience de coordination automatique de la conversation non verbale dans la vie est la communication entre la mère et l'enfant. C'est de cette communication que dépendent l'attachement, les capacités à communiquer, mais aussi le fait de savoir comment se comporter dans une relation avec autrui.

2. Les différents types d'empathie : il n'y a pas un, mais plusieurs types d'empathie. L'empathie primaire permet de discerner les états émotionnels les plus prévisibles chez une personne – la peur, le dégoût, la tristesse, etc. –, soit des émotions faciles à identifier et à interpréter. L'empathie cognitive est une capacité acquise qui fait appel à des déductions plus nuancées et élaborées, à la reconnaissance, à l'attention et à la perception. Les personnes qui ont des difficultés à trouver leur place dans la société ou les sujets autistes ont du mal à éprouver de l'empathie, voire en sont totalement incapables.

3. La cognition sociale : notre capacité à nous gérer dans un groupe social, à décrypter les expressions sur le visage de l'autre, à écouter, à prendre part à une conversation et à nous comporter avec les autres de manière harmonieuse.

4. La capacité à interagir et à communiquer : ces aptitudes élémentaires nous permettent de parler, d'écouter et de communiquer avec autrui.

5. L'intérêt porté à l'autre : un comportement rudimentaire, qui nous permet de tisser des liens avec autrui afin que nos besoins essentiels soient comblés, mais aussi complexe, qui nous permet de tisser des liens riches et profonds avec les autres. Autrement dit, nous sommes nés avec la capacité de prendre soin des autres, car nous avons tout à y gagner pour vivre et survivre.

Si les voies qui permettent de développer ces aptitudes sont câblées dans notre cerveau, d'autres facteurs entrent en ligne de compte. Comme je l'ai déjà dit, certaines connexions doivent se mettre en place dès la petite enfance. La manière dont on s'occupe d'un enfant, la façon dont on le touche, dont on le regarde et dont on lui parle détermine l'attachement qui le liera aux autres à l'âge adulte.

Néanmoins, tout n'est pas figé, et la plasticité du cerveau fait que nous pouvons développer ces capacités sociales tout au long de notre vie en fonction des expériences que nous vivons au quotidien.

Lavon a grandi dans une banlieue populaire d'Atlanta. Il n'était ni le plus riche ni le plus pauvre des enfants de son école. Ce que les parents de Lavon ne pouvaient pas offrir à leurs deux enfants, faute de moyens financiers, a toujours été compensé par un amour incommensurable, un soutien indéfectible et des liens d'une extrême intensité. Les parents de Lavon ont toujours été bienveillants et aimants. Une amitié sincère et une profonde confiance les unissaient l'un à l'autre. Ils n'ont jamais cherché à dissimuler leurs gestes d'affection en public. L'un et l'autre travaillaient. Ils s'encourageaient mutuellement et, en termes de vie de famille, ils privilégiaient la qualité plutôt que la quantité. Les parents de Lavon aimaient et soutenaient de la même manière leurs deux enfants. S'ils étaient relativement stricts, ils expliquaient toujours que leurs actes étaient dictés par l'amour qu'ils se portaient mutuellement et qu'ils éprouvaient pour leurs enfants. S'il y avait parfois des éclats de voix, des disputes et des désaccords, tout était rapidement réglé et pardonné et, dans la maison, résonnaient les rires de toute la famille et des amis.

Lavon, qui avait deux ans de plus que sa sœur, était un petit garçon nerveux. Il bougeait tout le temps, ce qui exaspérait parfois ses parents et lui attirait des ennuis à l'école. Lorsqu'il entra au CE2, Lavon découvrit le basket-ball. Il y jouait tous les jours des heures durant, ce qui lui valut de progresser rapidement. Le basket l'apaisait. L'exercice physique et l'attention calmaient son système nerveux et l'aidaient à canaliser son anxiété.

Lorsqu'il entra au lycée, Lavon ne vivait plus que pour le basket. Il aimait être sur le terrain avec ses coéquipiers. Il appréciait l'esprit d'équipe, la camaraderie et cet amour pour le sport qu'ils partageaient tous. Et lorsqu'une querelle éclatait sur le terrain – ce qui était relativement rare –, Lavon avait tôt fait de calmer les esprits. En effet, il avait une étonnante capacité à discerner les points de vue des uns et des autres, il ne prenait jamais parti et faisait toujours en sorte que les personnes qui s'affrontaient parviennent à un compromis. Visiblement, il avait toutes les qualités du parfait partenaire et, rapidement, il fut nommé au poste de capitaine.

Lavon quitta le lycée sans avoir remporté la coupe de la ligue. L'équipe avait tout donné et n'avait rien à se reprocher. Lavon décrocha une bourse sportive qui lui permit d'intégrer une université avec un taux de réussite élevé. Lavon n'était pas brillant, mais il avait toujours obtenu des résultats honorables. Dès la rentrée scolaire, le jeune homme eut du mal à gérer les cours et un entraînement quasi quotidien. Il devint de plus en plus anxieux, une anxiété qui, sur le terrain, était accentuée par son manque de confiance en lui. Il avait du mal à se concentrer sur le jeu et il se sentait toujours à cran. Il avait le sentiment de ne pas être à la hauteur. Progressivement, il se mit en retrait par rapport au reste de l'équipe et alla jusqu'à se demander si les efforts qu'il fournissait valaient le coup.

Lavon était si mal qu'il devait lutter perpétuellement pour faire bonne figure. Puis la roue a tourné. Une petite voix au fond de lui lui dit qu'il devait se faire aider. Lavon saisit le message et contacta l'un des coachs de l'équipe de basket-ball. Il avait sonné à la bonne porte. Le coach Philipps lui prêta une oreille attentive. Il comprit les défis que Lavon s'était lancés et surtout il comprit que son côté perfectionniste l'empêchait de demander le soutien académique dont il avait besoin. Il l'adressa à un tuteur sur le campus qui l'aida à s'organiser afin qu'il puisse mener de front ses études universitaires et le basket.

Le coach comprit également que Lavon avait besoin de reconnaissance. Il avait besoin de s'entendre dire qu'il était un bon joueur et que l'équipe ne pouvait se passer de lui. Le coach garda un œil sur Lavon pour s'assurer que le jeune homme avait vraiment le sentiment d'appartenir à une équipe et il alla même jusqu'à demander à un autre joueur, Albert, de l'encourager afin qu'il ne baisse pas les bras. Lavon fit part de son ressenti à Albert, qui lui avoua avoir vécu la même chose durant sa première année d'université. Rassuré, Lavon comprit qu'il est toujours possible de trouver une solution à un problème quand on est aidé et soutenu.

Bien qu'ayant quitté l'université il y a plusieurs années déjà, Lavon se souvient encore de la main que lui ont tendue le coach Philipps et Albert, aide sans laquelle il n'aurait probablement pas réussi à se sortir de l'impasse dans laquelle il se sentait pris au piège. On l'avait aidé et c'était à son tour de venir en aide aux autres. Il voulait mettre à profit ses qualités de leader et ses aptitudes pour travailler en équipe et faire quelque chose de bien. Il avait appris à développer ses aptitudes sociales en utilisant à bon escient son anxiété positive.

Alors qu'il était en dernière année universitaire, il avait travaillé pour un candidat se présentant aux élections des membres de la Chambre des représentants, qui véhiculait un message auquel il croyait. Rapidement, les qualités et les compétences de Lavon avaient été remarquées. C'est ainsi que, tout naturellement, le jeune homme fit son entrée dans le monde de la politique. Il aimait parler aux citoyens, partager son expérience et ses convictions. Mais ce qu'il aimait par-dessus tout, c'était échanger avec des hommes et des femmes qui avaient des points de vue opposés. Il avait un vrai talent pour animer un débat et, plutôt que d'abandonner une discussion, il prenait du plaisir à argumenter, même s'il ne l'emportait pas toujours – ce qui n'était pas son objectif ultime –, preuve d'une véritable empathie.

L'homme qu'il est aujourd'hui, Lavon le doit en partie à ce qu'il a vécu tout au long de son enfance et de son adolescence. Lavon avait toujours eu sous les yeux une multitude d'exemples d'interactions positives, d'une part avec ses parents qui avaient toujours des paroles bienveillantes et respectueuses, et d'autre part avec les autres membres de son équipe de basket-ball. Lavon avait compris que l'amour, la bienveillance et le respect l'avaient aidé à s'apaiser et lui avaient permis, lorsqu'il doutait de lui, de retrouver grâce à son coach et à ses coéquipiers la motivation indispensable pour avoir le sentiment d'être à sa place au milieu d'eux et de ne pas baisser les bras malgré les échecs. Il avait pris conscience des outils qu'il avait à sa disposition et il s'en était servi lorsqu'il avait ressenti qu'il était temps pour lui de demander de l'aide.

Or, comme vous le diront tous les enseignants du monde, savoir demander de l'aide montre non seulement que l'on est un bon étudiant, mais aussi que l'on fait preuve d'une grande maturité et d'une forte persévérance. Or si cela peut vous sembler une évidence, rares sont ceux qui franchissent le pas. La culture occidentale repose en grande partie sur le concept d'autonomie et d'indépendance. Or pour beaucoup qui dit autonomie et indépendance dit ne pas demander de l'aide, comme si faire appel à quelqu'un était un signe de faiblesse. Or la science dit exactement le contraire : demander de l'aide, c'est avoir des aptitudes sociales très développées.

L'anxiété de Lavon dirigeait son attention sur ses doutes quant à ses capacités académiques et quant à sa place au sein de l'équipe de basket-ball. Ce qu'il faut retenir de l'histoire de Lavon, c'est que son anxiété ne lui a pas dit qu'il était un raté, mais qu'il devait demander de l'aide. Il a su mettre à profit son anxiété pour reprendre confiance, comprendre que lui-même pouvait venir en aide aux autres et qu'il pouvait éprouver de l'empathie à l'égard d'autrui. Il exploita au maximum cette empathie pour laisser s'exprimer son moi profond et tisser des liens sincères avec son entourage.

Vous pouvez augmenter votre quotient social

Adam est un enfant unique. Petit, il a toujours été timide et introverti. Bébé, il s'accrochait à sa mère et pleurait dès qu'elle sortait de son champ de vision. En grandissant, il est devenu un peu plus aventureux bien que toujours calme, discret, s'exprimant d'une voix douce, quelque peu maladroit en société et toujours anxieux. Ses parents étant eux-mêmes calmes et réservés, Adam avait de qui tenir.

Si Adam n'a jamais eu beaucoup d'amis, il adorait les mangas. Il ne manquait pas d'imagination et aimait se perdre dans les histoires qu'il créait. Il aimait s'exprimer à travers le dessin et la peinture, et ce n'est pas par hasard que les bases sur lesquelles il s'appuyait pour grandir venaient de ses créations.

Au lycée et à l'université, la vie d'Adam se limitait à suivre ses cours, et à sortir occasionnellement avec une connaissance. En fait, la plupart du temps, il était seul devant son ordinateur. Après ses études universitaires, Adam a accepté un poste de développeur de logiciel free-lance. Il travaillait seul dans son coin, communiquait avec ses clients par téléphone ou par mail, mais très rarement en face à face, ce qui semblait lui convenir parfaitement. De temps en temps, il avait un rendez-vous amoureux, mais, ne sachant jamais comment se comporter, aucun n'avait donné lieu à une relation durable. Pourquoi une femme voudrait-elle faire un bout de chemin avec une personne aussi ennuyeuse que lui ?

Puis Adam perdit son travail. Du jour au lendemain, alors qu'il n'avait commis aucune faute professionnelle, il se retrouva sans revenus. Face à cette situation, il fut assailli de doutes et d'inquiétudes, une situation d'autant plus difficile qu'il n'avait personne à qui en parler. Il savait qu'il ne pouvait pas s'adresser à ses parents, qui n'auraient fait que dramatiser une situation déjà compliquée. L'écriture qui avait toujours été pour lui une source de réconfort et de plaisir ne lui était d'aucun secours. La solitude lui pesait, mais il ne savait que faire pour que les choses changent.

Adam rêvait d'avoir une vie sociale et un réseau d'amis, mais il était trop anxieux et trop peu sûr de lui pour que son souhait devienne réalité. S'il se fiait aux articles qu'il avait lus sur le sujet, il devait pour commencer s'appuyer sur une activité qu'il pratiquait, pour laquelle il avait des aptitudes et dont il aimait parler ; ce qui pour lui se résumait à une unique chose : son travail. Il s'imagina expliquer comment réaliser des mangas, parler de la technique et de ses artistes préférés. C'est alors que lui vint l'idée de s'inscrire à un cours pour apprendre à enseigner la technique du manga.

Les cours permirent à Adam de s'épanouir. Chaque semaine, il pénétrait dans un espace où il voulait non seulement échanger et poser des questions, mais où il pouvait aussi interagir et apprendre des personnes qui étaient là. Pour la première fois de sa vie peut-être, il parlait avec des inconnus de toutes sortes de personnages d'animation. C'était amusant et facile pour lui car il était dans son élément, et toute l'anxiété qu'il éprouvait d'ordinaire lorsqu'il devait s'adresser à des personnes qu'il ne connaissait pas avait disparu.

Il comprit que tous les petits trucs censés faciliter la vie sociale étaient d'une réelle efficacité. Il n'allait pas en cours la peur au ventre, il ne redoutait pas de devoir échanger avec les autres étudiants et, le vendredi, il n'avait qu'une hâte, être au lundi pour commencer une nouvelle semaine. Quand il eut trouvé son rythme de croisière, il s'aperçut que s'il se sentait aussi à l'aise parmi tous ces étudiants qui rêvaient de devenir de vrais artistes, c'était en partie parce qu'ils étaient tous comme lui : des personnes discrètes, timides, qui avaient plein de choses à dire, mais qui avaient du mal à les exprimer à voix haute. Non seulement il avait parfaitement compris d'où ils venaient, mais en plus il savait comment les aider en leur expliquant qu'ils devaient être patients et humbles. Il endossa le rôle de professeur et nota que le simple fait de dire un mot pouvait tout changer. Après les cours, il allait voir quelques étudiants et lançait la conversation. C'était plus facile de parler dans un petit groupe que devant toute une classe. Ce qu'Adam retint de cette expérience, c'est que l'empathie est le remède ultime à l'anxiété.

Est-ce que la part d'introverti qu'Adam avait en lui a totalement disparu ? Non. Est-ce envisageable ? Non. Mais Adam a appris que l'anxiété qu'il avait de ne pas trouver sa place dans la société pouvait diminuer grâce aux outils qu'il utilisait pour atténuer les autres types d'anxiété qu'il éprouvait. Raconter des histoires et dessiner lui apportaient de la joie et une certaine liberté, et s'apercevoir que ses centres d'intérêt pouvaient avoir ces mêmes effets sur les autres lui a permis de s'intégrer dans une communauté. Le fait qu'Adam ait compris que tous les étudiants étaient là pour la même chose et pour mener le même combat a profité à tout le groupe. Adam arrivait tout simplement à mieux gérer son embarras, et l'empathie qu'il éprouvait avait activé son intelligence sociale et lui avait donné toute la confiance dont il avait besoin pour changer son rapport avec les autres. Son anxiété lui avait permis d'accéder à un monde merveilleux et de vivre une expérience particulière.

Le super pouvoir de la compassion

L'empathie est une faculté étonnante, mais la compassion l'est plus encore. La compassion est en quelque sorte le super pouvoir le plus « simple » de l'anxiété. Faire preuve de compassion à l'égard de tous les éléments qui déclenchent chez vous une anxiété peut véritablement diminuer votre anxiété et celle ressentie par d'autres.

La compassion se manifeste dès lors que nous comprenons que nos actions, nos pensées, nos paroles et la manière dont nous communiquons avec les autres ont des répercussions, que nous le voyions ou non. Un simple geste qui dure moins d'une seconde peut rendre heureuse une personne.

Inutile de vouloir courir le marathon de la compassion et être au top 24h/24. Allez-y progressivement. Regardez ce sur quoi votre anxiété attire votre attention et saisissez cette occasion d'aller vers les autres. Si vous étiez angoissé lorsque vous avez été engagé dans votre société, prenez le temps d'échanger avec les nouveaux venus afin qu'ils se sentent le plus possible à l'aise. Si vous avez du mal à gérer votre vie de famille et votre travail, ayez toujours un petit mot pour encourager les pères et les mères submergés que vous côtoyez au quotidien. Nous dire que d'autres personnes mènent le même combat que nous, ont les mêmes défis à relever et font face aux mêmes inquiétudes peut alléger le fardeau qui pèse sur nos épaules.

Si vous souffrez d'une phobie sociale, il est normal que vous soyez maladroit ou que vous redoutiez certaines situations. Et même si cela ne se voit pas toujours, nombreuses sont les personnes qui sont angoissées lorsqu'elles sont en société. Or comme nous l'avons vu, nous pouvons développer notre muscle social et mieux communiquer avec les autres, et c'est votre anxiété qui vous permettra de trouver de quoi briser la glace et rassurer les personnes qui, sans aucun doute, ne manqueront pas de vous remercier. Soyez attentif aux signaux que vous envoie votre anxiété afin d'identifier ce qui vous inquiète et fait que vous ne vous sentez pas en sécurité ; puis tendez la main aux personnes qui sont dans la même galère. Souvenez-vous que transformer l'anxiété en compassion est inné – c'est en fait ce que l'anxiété est censée faire. Ensemble, l'empathie et la compassion peuvent diminuer l'anxiété négative. Vous pouvez vous servir de votre anxiété pour être plus extraverti. Pour quoi faire ? Pour que tous les êtres vivants, les autres espèces, voire toute la planète fassent, à leur tour, preuve de compassion.

TROISIÈME PARTIE

L'ART DE BIEN S'INQUIÉTER : DES OUTILS POUR APAISER, TRANSFORMER ET CANALISER VOTRE ANXIÉTÉ

Comment utiliser et mettre à profit l'extraordinaire plasticité du cerveau ? Comment se donner la possibilité de faire d'autres choix, des choix plus positifs ? Comment mieux gérer l'anxiété et apprendre à la canaliser ?

Dans les chapitres précédents, vous avez découvert comment fonctionne le cerveau, quels réseaux sous-jacents sont impliqués et quelles interactions se mettent en place lorsque nous sommes en proie à l'anxiété et essayons d'y échapper. J'espère que vous appréciez le travail des chercheurs qui étudient le cerveau, ses interactions et ce qui permet de maîtriser nos émotions, nos réactions, nos comportements afin qu'ils ne nous desservent pas. J'ai écrit la deuxième partie de ce livre pour vous faire comprendre comment accéder aux différentes voies empruntées par l'anxiété et comment les utiliser pour vous concentrer plus rapidement, améliorer votre performance, développer votre créativité et élever votre QS (quotient de l'intelligence sociale), éléments indispensables au processus de résilience et à une meilleure gestion de l'anxiété, mais aussi à la mise en place et au développement de super pouvoirs.

Mais qu'est-ce que cela signifie concrètement ?

Vous avez peut-être le sentiment que certains super pouvoirs de l'anxiété viennent à vous plus facilement que d'autres. Par exemple, vous avez peut-être remarqué que vous aviez plus tendance à utiliser la voie de l'attention pour augmenter votre productivité lorsque vous devez absolument respecter un délai. Vous êtes peut-être plus intéressé par la manière dont l'activation des émotions peut vous aider à être plus performant, voire comment vous pouvez accéder au *flow*. Vous avez peut-être compris que si, à un moment donné, vous êtes particulièrement anxieux et déboussolé, c'est en partie parce que vous avez été trop longtemps coupé des autres et qu'il est grand temps de renouer des liens, de vous rapprocher de vos amis et de votre famille.

Toutes les voies empruntées par l'anxiété vous aideront à gérer votre angoisse et à révéler des super pouvoirs que, jusqu'alors, vous ignoriez. Mais commençons par le commencement. Dans les pages ci-après, vous trouverez des questionnaires et des études qui vous aideront à prendre conscience de l'impact que l'anxiété a sur vous. L'objectif de ces questionnaires est de mettre le doigt sur la façon dont vous vivez votre anxiété, sur les éléments qui la déclenchent et sur la manière dont vous la surmontez. Ce processus d'autoanalyse est essentiel, dans la mesure où il correspond à la première étape pour non seulement apaiser votre anxiété afin qu'elle ne soit pas un obstacle, mais aussi activer le meilleur état d'esprit qui soit pour transformer votre rapport à cette anxiété. Même si nous avons vu comment transformer une anxiété négative en une anxiété positive, mieux vaut voir en ce processus l'occasion de poser un regard autre sur l'anxiété et avoir l'objectivité nécessaire pour réévaluer une situation, des pensées ou des souvenirs. Ne passez pas outre les informations que vous fournit votre anxiété. En effet, ces informations sont essentielles et vous permettent de choisir en toute connaissance de cause ce que vous allez faire des émotions qui vous habitent.

Cette prise de conscience joue un rôle fondamental dans la manière dont vous allez gérer votre anxiété, amoindrir ses répercussions ou, si vous le souhaitez, la canaliser.

Les facteurs qui déclenchent une anxiété sont omniprésents et multiples, mais la manière dont nous réagissons à ces facteurs de stress ne doit pas être une fatalité. En effet, nous avons la capacité d'« optimiser » notre réponse à ces facteurs de stress et ce que je veux vous montrer à travers ce livre, c'est que vous êtes capable de tirer profit de l'objectif premier de l'anxiété – vous alerter pour vous protéger d'un danger potentiel – et de vous en servir pour stimuler votre cerveau/corps.

Lorsque vous aurez identifié les différents facteurs qui, chez vous, déclenchent de l'anxiété, vous pourrez décider comment les appréhender et non plus simplement chercher à les éviter.

Pour y arriver, je vous proposerai des exercices pratiques, concis et à la portée de tous. À vous de choisir les outils qui semblent le mieux vous convenir. Testez-les et voyez s'ils sont efficaces et améliorent votre vie de tous les jours. L'objectif est, premièrement, d'utiliser ces outils pour apprendre à gérer votre anxiété afin qu'elle n'interfère pas dans votre quotidien et, deuxièmement, d'utiliser à bon escient l'énergie que cette anxiété véhicule. L'objectif final est que ces techniques vous permettent de faire de l'anxiété votre amie. En effet, il est essentiel de l'apprivoiser et de la connaître aussi bien qu'un vieux copain d'école afin de savoir quels outils mettre en place pour moduler, minimiser et transformer en anxiété positive l'anxiété négative. Évaluez minutieusement les progrès réalisés, mais aussi vos échecs et félicitez-vous dès lors que vous remportez une victoire, aussi petite soit-elle.

Apprenez à connaître votre anxiété

La manière dont vous appréhendez votre anxiété varie d'un jour à l'autre. Je vous propose de dresser un premier bilan afin de définir précisément comment vous réagissez lorsque vous êtes anxieux, en répondant aux questions ci-après. J'insiste sur le fait que les réponses que vous allez donner aujourd'hui seront probablement différentes de celles que vous ferez demain ou dans une semaine. L'objectif de ces questionnaires n'est pas de vous juger, mais uniquement de collecter des informations qui vous seront utiles.

Lorsque vous répondrez aux questions, essayez d'être le plus honnête possible avec vous-même et prenez en compte les subtilités et les nuances des émotions que vous ressentez à l'instant T. Comprendre où vous vous situez sur ce continuum à un moment donné vous aidera à identifier votre seuil limite.

FICHE N° 1

Évaluez votre niveau d'anxiété

Répondez aux questions ci-après afin d'évaluer votre niveau d'anxiété à l'instant T. Je vous encourage vivement à y répondre dès que vous vous sentez angoissé(e), dans la mesure où l'anxiété n'est pas linéaire. La réponse que vous choisirez (1, 2, 3 ou 4) correspond à un nombre de points que vous additionnerez pour calculer votre niveau d'anxiété.

A. Au cours des semaines passées, combien de fois le fait de vous sentir nerveux(se) ou inquiet(ète) vous a-t-il perturbé(e) ?

1. Aucune
2. Plusieurs fois
3. Plus de la moitié du temps
4. Presque tous les jours

Score : _

B. Au cours des dernières semaines, combien de fois avez-vous eu du mal à vous détendre ou à prendre du plaisir ?

1. Aucune
2. Plusieurs fois
3. Plus de la moitié du temps
4. Presque tous les jours

Score : _

C. Au cours des dernières semaines, combien de fois vous est-il arrivé d'être facilement agacé(e) ou ennuyé(e) par une situation ou quelqu'un ?

1. Aucune
2. Plusieurs fois
3. Plus de la moitié du temps
4. Presque tous les jours

Score : _

D. Au cours des dernières semaines, combien de fois vous est-il arrivé d'avoir peur comme si quelque chose d'horrible pouvait se produire ?

1. Aucune
2. Plusieurs fois
3. Plus de la moitié du temps
4. Presque tous les jours

Score : _

E. Au cours des dernières semaines, combien de fois avez-vous eu du mal à dormir ou noté que votre sommeil était perturbé ?

1. Aucune
2. Plusieurs fois
3. Plus de la moitié du temps
4. Presque toutes les nuits

Score : _

F. Au cours des dernières semaines, combien de fois vous est-il arrivé de manger plus que de raison ou de vous gaver de votre aliment préféré ?

1. Aucune
2. Plusieurs fois
3. Plus de la moitié du temps
4. Presque tous les jours

Score : _

G. Au cours des dernières semaines, combien de fois avez-vous eu du mal à vous concentrer ou à rester attentif(ve) ?

1. Aucune
2. Plusieurs fois
3. Plus de la moitié du temps
4. Presque tous les jours

Score : _

H. Au cours des dernières semaines, combien de fois avez-vous bu de l'alcool, fumé de la marijuana ou pris un antalgique ou toute autre substance pour estomper vos sentiments ?

1. Aucune
2. Plusieurs fois
3. Plus de la moitié du temps
4. Presque tous les jours

Score : _

I. Au cours des dernières semaines, combien de fois avez-vous été en retard au travail, à l'école ou à un rendez-vous ?

1. Aucune
2. Plusieurs fois
3. Plus de la moitié du temps
4. Presque tous les jours

Score : _

J. Au cours des dernières semaines, combien de fois avez-vous décliné une invitation chez des amis ou des membres de votre famille ?

1. Aucune
2. Plusieurs fois
3. Plus de la moitié du temps
4. Presque tous les jours

Score : _

K. Au cours des dernières semaines, combien de fois avez-vous pratiqué une activité physique (y compris la marche) ?

1. De manière régulière
2. J'ai sauté quelques jours
3. Plus de la moitié du temps que j'aurais pu consacrer à une activité physique
4. Je n'ai eu aucune activité physique

Score : _

L. Sur une échelle de 1 à 10, 1 étant le plus bas et 10 le plus élevé, à combien évalueriez-vous votre niveau d'anxiété au cours des dernières semaines ?

1 – 2 – 3 – 4 – 5 –6 – 7 – 8 – 9 – 10

Score : _

Note globale : additionnez tous les scores.

A à L : _

Interprétation des résultats

12 à 18 : il semblerait qu'en ce moment vous soyez très peu, voire pas du tout angoissé(e).

19 à 24 : en ce moment, vous êtes relativement angoissé(e).

25 à 30 : le niveau d'anxiété ressentie au quotidien est assez élevé.

31 à 54 : les réponses montrent un niveau d'anxiété très élevé.

Ayez à l'esprit que répondre pour la première fois à ces questions doit vous permettre de savoir où vous en êtes en termes d'anxiété. La manière dont vous gérez votre anxiété et vos émotions peut varier d'un jour à l'autre, d'une semaine à l'autre et d'un mois à l'autre en fonction des facteurs de stress présents dans votre vie. Soyez bienveillant(e) avec vous-même. Le but de cette évaluation n'est pas de vous juger, mais de vous aider à mieux vous connaître et à identifier ce que vous ressentez.

Vous ne devez en aucun cas comparer votre niveau d'anxiété à celui d'une autre personne. En effet, à chacune son seuil limite. Par exemple, une personne sera très angoissée si elle n'arrive pas à respecter une date butoir alors qu'une autre gardera son rythme de croisière, convaincue qu'elle finira toujours à temps. Nous naissons avec un tempérament et une personnalité qui nous sont propres et nous avons tous notre seuil physiologique limite, qui fait que nous sommes plus ou moins sensibles au stress. Le côté positif, c'est que la manière dont nous réagissons face au stress varie et que nous pouvons faire évoluer les choses.

FICHE N° 2

Que ressentez-vous lorsque vous êtes angoissé(e) ?

Après avoir évalué votre niveau d'anxiété, identifiez les répercussions que cette anxiété a sur vous. Ayez en tête la Roue des émotions présentée au chapitre 2. On attribue différents noms aux émotions négatives associées à l'anxiété. Il est donc primordial d'être en mesure de bien identifier chacune de ces émotions et de savoir précisément de quoi il retourne afin de prendre conscience de ce que vous ressentez au plus profond de vous-même et d'apprendre à mieux gérer l'anxiété et les émotions négatives.

Parmi les mots ci-dessous, entourez celui/ceux que vous associez à l'anxiété.

1. Tendu(e)
2. Crispé(e)
3. Bouleversé(e)
4. Effrayé(e)
5. Nerveux (se)
6. Agité(e)
7. Indécis(e)
8. Inquiet(ète)
9. Déconcerté(e)
10. Incontrôlable
11. Sensation d'échec
12. Incompétent(e)
13. Triste

14. Dégoûté(e)
15. Ennuyé(e)
16. Consterné(e)
17. En colère
18. Terrifié(e)
19. Affolé(e)
20. Pensif (ve)
21. Importuné(e)

Il est important que chacun des mots correspondant à ce que vous ressentez face à un stress ait un sens pour vous. Certains mots vous sont-ils plus familiers que d'autres ? Utiliseriez-vous des mots autres que ceux listés ci-dessus pour exprimer ce que vous ressentez ?

FICHE N° 3

Quels éléments déclenchent de l'anxiété chez vous ?

Après avoir identifié les répercussions de l'anxiété sur vous, il est important de pointer du doigt les éléments qui, dans votre vie, génèrent de l'anxiété. Qu'est-ce qui fait que l'anxiété monte en vous ? Qu'est-ce qui vous pousse à dire « et si ? » ? Qu'est-ce qui typiquement vous inquiète, vous fait peur ou que vous redoutez ?

Ci-dessous les éléments déclencheurs de stress les plus courants (l'ordre n'a aucune importance) :

- l'insécurité financière ;
- la peur de manquer de nourriture, voire de souffrir de la faim ;
- une peine infligée par un(e) ami(e) ou une connaissance, des problèmes ou des relations conflictuels ;
- l'anxiété sociale (Est-ce que je vais pouvoir m'intégrer ?
- est-ce que je vais être accepté(e) dans ce groupe ?) ;
- l'isolement et la solitude ;
- des déceptions amoureuses ou professionnelles ;
- une menace sur mon poste ou la perte de mon travail ;
- la maladie ou un parcours difficile pour mes enfants ;
- la maladie ou le vieillissement de mon père ou de ma mère ;
- la mort d'un proche ou la perte de quelque chose ;
- la maladie ;

- le manque de sommeil;
- la peur « d'attraper » la grippe, un autre virus ou une maladie contagieuse;
- la peur des interactions sociales;
- la peur des conflits;
- la peur d'une intervention médicale.

Dans cette liste, quels sont les cinq éléments qui déclenchent le plus d'anxiété ou d'inquiétude chez vous?

Après avoir identifié ces cinq éléments, listez-les ici, sur un cahier ou dans votre smartphone en commençant par celui qui vous pose le plus de problèmes (1) et en terminant par celui qui vous perturbe le moins (5).

....

....

....

....

....

....

....

....

....

....

Puis pour chacun de ces cinq éléments, écrivez la situation, la pensée ou le souvenir le plus récent qui résume ce sentiment en essayant d'être le (la) plus précis(e) possible.

LES 5 ÉLÉMENTS QUI GÉNÈRENT LE PLUS D'ANXIÉTÉ ET LEURS RÉPERCUSSIONS

Élément déclencheur	Répercussion	Situation vécue très récemment

Gardez cette liste à portée de la main. N'ayez pas peur, mais dites-vous qu'il est crucial d'identifier les éléments déclencheurs d'anxiété pour comprendre comment utiliser à bon escient les différents outils et les diverses stratégies à votre disposition.

Les solutions qui vous apaisent

Lorsque vous êtes anxieux(se) ou bouleversé(e), quelles solutions vous apaisent ? Lisez les techniques les plus courantes listées ci-dessous et choisissez celle(s) qui vous parle(nt). Les réponses doivent être spontanées. Ne réfléchissez pas. Quelles solutions vous sont les plus familières ?

1. Prendre un bain en fin de journée.
2. Aller boire un verre avec des amis.
3. Passer au fast-food en rentrant chez vous.
4. Manger une douceur (par exemple, des bonbons, une glace ou une pâtisserie).
5. Méditer.
6. Faire plus ou moins d'exercices physiques que d'habitude.
7. Échanger avec des amis (au téléphone ou par Zoom).
8. Faire la sieste.
9. Aller faire les magasins.
10. Boire de l'alcool seul(e) dans son coin.
11. Fumer de l'herbe.
12. Jardiner.
13. Passer du temps dehors dans la nature.
14. Faire de la pâtisserie ou cuisiner.
15. Regarder n'importe quoi à la télé.

Pour savoir si ces différentes stratégies vous sont bénéfiques, reportez-vous à la liste des stratégies de *coping* positives et négatives pages 76 à 79.

L'objectif n'est pas que vous vous jugiez, mais que vous vous demandiez quelles stratégies de *coping* vous sont salutaires ou, au contraire, vous pénalisent. Certaines stratégies ont-elles des effets secondaires indésirables ? Parmi toutes ces stratégies de *coping*, quelles sont celles qui marchent pour vous ? Pensez-vous que d'autres stratégies pourraient vous être plus bénéfiques ?

Développez votre tolérance au stress

Comme nous l'avons vu, nous forger une tolérance au stress nécessite que nous soyons plus à l'aise avec les sentiments qui nous embarrassent. Si nous essayons immédiatement de dissimuler notre anxiété, de la repousser ou de la nier, nous passons à côté de la possibilité qui nous est offerte d'utiliser à bon escient l'activation physiologique et l'attention liées aux émotions ressenties. Une première étape bénéfique est de simplement observer les sentiments qui nous assaillent – pas de les fuir – et d'évaluer l'embarras ou l'agitation qui en découlent. En nous autorisant à reconnaître et à accepter la réalité de notre malaise, nous faisons deux choses :

1. nous nous habituons à ce que l'anxiété génère et nous réalisons que nous pouvons « survivre » ;

2. nous nous laissons le temps de prendre une décision plus réfléchie sur la manière dont nous allons agir et nous comporter.

Pour que se mette en place une voie neuronale plus positive, il faut absolument en passer par là.

Ce processus repose sur quatre étapes distinctes (l'une d'elles étant déjà bouclée !) :

1. prendre conscience des émotions ressenties. Penser à un sentiment négatif récent, l'identifier et se laisser submerger par ce sentiment ;

2. accepter de se sentir mal. Une fois l'émotion identifiée, observez ce qu'elle déclenche en vous, l'anxiété se traduisant souvent par de l'agitation et un malaise physique ou émotionnel ;

3. ne pas se fermer, mais laisser libre cours au ressenti physique ou émotionnel. Regarder ce qui se passe au plus profond de vous, ne pas essayer ni de vous en prémunir ni de nier les sentiments qui montent en vous ;

4. faire un autre choix. Il est temps que votre CPF entre en scène et décide délibérément de diriger cette énergie vers l'une des six façons d'utiliser l'anxiété.

Avant d'être en mesure de transformer votre anxiété pour qu'elle devienne productive, vous devez faire en sorte qu'il y ait suffisamment de place émotionnellement parlant pour que ce soit possible. Plus vous vous entraînerez à franchir chacune de ces quatre étapes, plus vous les intégrerez et plus vite ce processus deviendra automatique, le but étant que vous optiez pour une stratégie dès lors que l'anxiété commence à atteindre un degré qui vous pose un problème.

Comment procédez-vous pour gérer vos émotions ?

Nous ne pouvons pas minimiser la puissance des émotions et comme nous l'avons vu, parvenir à gérer notre stress différemment et à canaliser notre anxiété implique que nous régulions et gérions nos émotions, notamment les émotions négatives. Le questionnaire ci-après résume deux stratégies permettant de gérer les émotions les plus difficiles à supporter : la réévaluation qui montre la flexibilité cognitive ; le désir de mettre fin au malaise et la suppression qui est perçue comme une manière inappropriée de gérer un malaise émotionnel.

Répondez à chacune de ces questions avec honnêteté. Une fois encore, l'objectif n'est pas d'émettre un jugement, mais plutôt de définir dans quelle mesure vous êtes prêt ou avez décidé de faire face à des états psychiques aussi complexes que l'anxiété.

Questionnaire de régulation émotionnelle[74]

L'objectif du questionnaire de régulation émotionnelle est d'évaluer à quelle stratégie de régulation émotionnelle un individu a l'habitude de recourir : la réévaluation cognitive ou la suppression expressive.

Répondez à chacune des questions ci-dessous en vous référant à l'échelle de 1 à 7 (1 correspondant à « je suis en profond désaccord », 4 à « je suis neutre » et 7 à « je suis totalement d'accord »).

1. Lorsque je veux ressentir plus d'émotions positives (comme la joie ou l'amusement), je me force à penser à quelque chose de différent.

2. Je garde mes émotions pour moi.

3. Lorsque je veux ressentir moins d'émotions négatives (comme la tristesse ou la peur), je me force à penser à quelque chose de différent.

4. Quand je ressens des émotions positives, je fais en sorte de les cacher.

5. Lorsque je suis confronté(e) à une situation stressante, je m'arrange pour penser à cette situation de manière que cela m'aide à rester calme.

6. Je contrôle mes émotions en les cachant.

7. Lorsque je veux ressentir plus d'émotions positives, je change ma façon de voir la situation.

8. Je contrôle mes émotions en changeant la façon de voir la situation dans laquelle je suis.

9. Lorsque je ressens des émotions négatives, j'évite de les exprimer.

10. Quand je veux ressentir moins d'émotions négatives, je change ma façon de voir la situation.

Interprétation

Pour interpréter votre résultat, regardez la note que vous avez attribuée aux questions 1, 3, 5, 7, 8 et 10 qui montrent si vous avez l'habitude ou non de réévaluer une émotion négative – chacune de ces questions montrant, par ailleurs, votre désir de ressentir des émotions positives.

Par exemple, vous avez attribué aux questions 1, 3, 5, 7, 8 et 10 les notes les plus élevées (comprises entre «je suis neutre» et «je suis totalement d'accord»): vous avez tendance à gérer les émotions qui vous posent un problème en portant un autre regard sur la situation, ce qui montre une assez bonne, voire une bonne régulation émotionnelle.

Si les notes attribuées aux questions 2, 4, 6 et 9 sont les plus basses, cela montre que, face à des émotions – négatives ou positives –, vous ne supprimez pas ces émotions, ce qui montre également une bonne régulation émotionnelle.

A contrario, si les notes attribuées aux questions 1, 3, 5, 7, 8, et 10 sont les plus basses, cela montre une difficulté à gérer vos émotions et un manque de flexibilité cognitive. De plus, des notes élevées attribuées aux questions 2, 4, 6 et 9 indiquent une tendance à supprimer les émotions et donc une difficulté à réguler vos affects.

Or, l'objectif à atteindre est d'apprendre à contrôler vos émotions, quelles qu'elles soient, afin que votre anxiété ne soit plus pénalisante, mais débouche au contraire sur quelque chose de positif.

LA BOÎTE À OUTILS
POUR CALMER
VOTRE ANXIÉTÉ

Respirez

Je ne peux que vous recommander les exercices de méditation basés sur la respiration de mon ami et expert en la matière Nicholas Pratley. En effet, ces exercices ne prennent pas beaucoup de temps, sont à la portée de tous et donnent rapidement de bons résultats.

- Étape n^0 1 : asseyez-vous dans un endroit calme et paisible.
- Étape n^0 2 : inspirez lentement et profondément en comptant jusqu'à 4.
- Étape n^0 3 : maintenez votre respiration en comptant jusqu'à 6.
- Étape n^0 4 : expirez lentement en comptant jusqu'à 8.
- Étape n^0 5 : répétez l'exercice six à huit fois en fonction de vos besoins.

Pour apaiser votre anxiété, vous pouvez choisir parmi des milliers (au sens propre !) d'exercices basés sur la respiration.

Respirez de manière naturelle en vous focalisant sur les inspirations et les expirations et ce que vous ressentez alors.

Ou optez pour la respiration alternée proposée dans certains cours de yoga : avec le pouce de la main droite (si vous êtes droitier), bouchez votre narine droite, ou avec l'annulaire de votre main gauche (si vous êtes gaucher) bouchez votre narine gauche. Puis inspirez par la narine gauche (ou droite) en comptant jusqu'à 4. Maintenez votre respiration en comptant de nouveau jusqu'à 4, puis bouchez votre narine gauche avec l'index droit (ou la narine droite avec l'auriculaire gauche). Refaites l'exercice avec la narine gauche (ou droite) bouchée.

N'hésitez pas à surfer sur Google pour trouver l'exercice qui vous convient le mieux !

Dirigez votre attention sur quelque chose de positif

Lorsque vous êtes submergé par une situation qui génère de l'anxiété, essayez de détourner votre attention du facteur déclencheur et concentrez-vous sur un élément positif dans votre vie. Si vous êtes terrorisé à l'idée de prononcer un discours en public auquel vous ne pouvez échapper, parlez le plus simplement possible avec un(e) ami(e) du sujet traité. Le jour J, si vous êtes toujours angoissé, comptez les carreaux au plafond ou essayez de mémoriser le nom de toutes les personnes présentes dans la salle. Même si l'environnement dans lequel vous vous trouvez vous est étranger, raccrochez-vous à quelque chose qui vous semble familier. Détourner votre attention de cette manière peut vous sembler quelque peu simpliste – ça l'est – mais les répercussions sont très positives sur la gestion de l'anxiété.

Fêtez vos victoires

Pour surmonter les situations qui vous angoissent, pensez aux victoires que vous avez remportées. Dégustez chaque petit triomphe dans la bataille que vous menez pour transformer la mauvaise anxiété en anxiété positive. Vous avez réussi à surmonter une situation qui vous affectait ?

Bravo ! Vous êtes parvenu à modifier, voire à faire évoluer une situation afin qu'elle génère moins de stress ? Félicitations ! Faites-vous plaisir et, si le cœur vous en dit, allez déguster un café moka glacé au bistrot le plus proche !

Faites des choix judicieux

Se rappeler que vous avez le contrôle sur ce à quoi vous êtes exposé vous aidera à esquiver les éléments déclencheurs de stress et à réévaluer une situation. Maîtrisez votre environnement – là où vous travaillez, vivez, dormez et passez du temps – et les relations avec votre entourage pour ne plus avoir l'impression que votre vie et vos émotions échappent à votre contrôle, ce qui implique que vous agissiez de manière consciente et délibérée et que vous ne « laissez pas faire les choses en restant les bras croisés ». La prochaine fois que vous vous trouverez en présence d'une personne de mauvaise humeur ou ayant un accès de colère, inspirez profondément et dites-vous que si elle est dans cet état, ce n'est pas votre problème. C'est relativement facile à faire et sachez que chaque fois que vous prenez du recul par rapport à l'humeur d'une personne ou par rapport à une situation, vous vous protégez un peu plus.

Changez la situation

Certaines situations sont et seront toujours source d'anxiété. Alors au lieu de gaspiller votre énergie ou d'essayer de fuir le problème (ce qui souvent se traduit par des comportements inappropriés), optez pour une autre tactique : faites en sorte d'être prêt le moment voulu. Moins il y aura d'inconnues, mieux vous contrôlerez la situation. Par exemple, si vous détestez prendre la parole en public, préparez soigneusement votre présentation et prenez des notes sur lesquelles vous pourrez vous appuyer.

Entraînez-vous. Visualisez la scène : vous êtes debout ou assis devant vos collègues. Lisez votre présentation à voix haute. Si possible, demandez à la personne qui préside la réunion de la relire avant le jour J. Lisez-la plusieurs fois à voix haute afin de vous assurer que tout est parfaitement compréhensible. Dites-vous que vous avez toujours le choix, même dans les situations qui vous angoissent le plus – ce qui est d'autant plus facile que vous avez sous la main des stratégies prêtes à être mises en place. Il est primordial que vous sachiez ce qui vous angoisse et dans quelle mesure afin de pouvoir prévoir et anticiper les situations susceptibles de générer une anxiété auxquelles vous ne pouvez échapper. Mieux vous serez préparé, mieux vous arriverez à contrôler votre anxiété.

Découvrez vos racines

Reprenez la liste des cinq éléments qui déclenchent le plus d'anxiété chez vous et repensez aux situations qui sont à l'origine de cette angoisse. D'où vient-elle ? Connaissez-vous d'autres personnes autour de vous qui ressentent cette même anxiété ? Dans quelles autres situations sentez-vous le stress monter en vous ? La peur de manquer d'argent vous a-t-elle été transmise par vos parents ? Celle de vous exprimer en public est-elle liée à un événement douloureux que vous avez vécu à l'école primaire ? Même l'anxiété que l'on retrouve chez nombre d'individus a toujours une origine bien spécifique. Donnez libre cours à vos pensées et laissez remonter en vous cet événement.

Une fois cette étape franchie, lancez-vous le défi suivant : visualisez de nouveau la scène (cette personne tyrannique qui se moquait de tout ce que vous disiez) ou repensez à cette croyance ancrée en vous (l'argent ne tombe pas du ciel) en portant un autre regard sur la situation. Par exemple, ne faites pas une généralité des moqueries que vous avez endurées enfant, mais considérez cette situation comme un fait isolé. Dites-vous que vous avez des choses intéressantes à dire, des choses importantes. Quant à la peur de manquer d'argent, faites un travail sur vous jusqu'à ce que vous compreniez que vous avez largement de quoi vivre. Identifier précisément la pensée qui génère votre anxiété est un outil qui ne se met pas en place en un clin d'œil, mais qui nécessite un peu de temps. Cette première étape est toutefois indispensable.

Donnez de l'énergie à votre cerveau

Plusieurs études ont montré que lorsque notre alimentation est saine et riche en nutriments et lorsque notre taux de glucose n'est ni trop haut ni trop bas, nous avons plus de chances d'être en bonne forme physique et d'avoir les idées claires[75]. Manger nourrit le corps et le cerveau. De même, se priver de certains aliments, suivre un régime amaigrissant et, par conséquent, créer un manque ne fait qu'amenuiser notre contrôle sur notre vie et augmenter notre anxiété. En effet, certains aliments contiennent de bonnes graisses qui, preuves à l'appui, apaisent le cerveau et lui donnent l'énergie dont vous avez besoin pour gérer votre anxiété.

Ci-après, deux stratégies faciles à mettre en place qui vous aideront à transformer l'anxiété négative en anxiété positive :

1. au quotidien, augmentez votre consommation de légumes et diminuez l'apport en protéines et en céréales ;

2. privilégiez les collations qui ont des effets positifs sur l'humeur : avocat seul ou avocat et saumon sur une tartine grillée ; granola avec myrtilles, noix de pécan, graines de citrouille, noix, flocons d'avoine grillés ; et mon préféré, yaourt nature bio avec grué de cacao saupoudré sur le dessus.

Préparez-vous pour un sommeil réparateur

Dormir est essentiel tant pour la santé physique que pour la santé mentale. Or si l'on en croit des études récentes, près de 30 % des Américains ne dorment que six heures par nuit, voire moins. En France, nous dormons aussi de moins en moins : 6 h[42] en moyenne. Le manque de sommeil affaiblit le système immunitaire, favorise une mauvaise gestion du stress, augmente le taux de cortisol dans le sang et se traduit par une mauvaise gestion des émotions. Nombre d'entre nous luttent au quotidien pour dormir mieux et plus longtemps alors que d'autres ont baissé les bras et ont des nuits courtes et agitées. Si une multitude de livres ont été écrits sur le sujet[76] et proposent des solutions pour dormir mieux, je suis convaincue que vouloir avoir un sommeil réparateur et prendre toutes les mesures pour y parvenir est une première étape indispensable. Pourquoi chercher absolument à dormir huit heures si une nuit de sept heures est réparatrice ?

Organisez votre journée de manière à avoir votre quota d'heures. Par exemple, quarante-cinq minutes avant d'aller vous coucher (je sais que ce ne sera pas toujours facile), éteignez tous les écrans (télévision, ordinateur, téléphone portable et autres) et préparez votre corps et votre cerveau à dormir.

Observez un rituel, buvez une tasse de café décaféiné ou de lait chaud avec une pointe de curcuma, lisez un livre, prenez un bain ou une douche chaude, adonnez-vous à la peinture par numéros. Autrement dit, faites une activité qui vous apaise et permet à votre corps de lâcher prise afin que vous trouviez plus facilement le sommeil. Vous serez probablement surpris de voir que le nombre d'heures que vous réservez au sommeil peut réellement faire la différence et vous permettre de dormir mieux et suffisamment longtemps.

Pratiquez une activité qui vous apaise

Savez-vous quel type d'activité physique est bénéfique pour votre humeur et vous permet d'évacuer votre anxiété ? Pour information, ce qui est bon pour les uns ne l'est pas nécessairement pour les autres. Personnellement, trente minutes de cardio ou d'exercices fractionnés de haute intensité (méthode Tabata) me font le plus grand bien. J'essaie autant que faire se peut de pratiquer régulièrement l'un ou l'autre, même si c'est difficile, car après chaque séance je suis fière de moi et ai la pêche le reste de la journée.

Parmi les activités physiques que vous pratiquez, identifiez celle qui a l'effet le plus bénéfique sur votre humeur. La marche rapide ? Une balade à vélo ? Un cours de zumba ? Une séance de yoga ou un cours de tango ? Quelle activité ou quel professeur/coach vous permet de vous sentir au mieux de votre forme et vers laquelle/lequel vous pouvez vous tourner lorsque vous en ressentez le besoin ?

Comparez tout simplement les répercussions sur votre humeur des différentes activités physiques que vous pratiquez habituellement. Comment vous sentez-vous à la fin d'une séance ? Gardez dans un coin de votre tête quelle activité vous est la plus bénéfique et pratiquez-la lorsque vous avez besoin d'énergie.

Que faire si vous envisagez de vous bouger plus, mais que vous n'arrivez pas à atteindre cet objectif ? Allez marcher et voyez comment vous vous sentez après avoir marché dix ou vingt minutes, ce qui est à la portée de tous. Si l'on en croit les témoignages, nombreuses sont les personnes qui notent une réelle amélioration de leur humeur, un regain d'énergie sensible et qui se sentent plus « optimistes » ou positives après avoir marché.

Identifiez les répercussions positives d'une activité physique sur l'humeur et ses effets anxiolytiques et mettez en place la stratégie adéquate pour combattre votre anxiété au quotidien.

La relaxation olfactive

Avez-vous déjà remarqué qu'une odeur particulière vous replongeait immédiatement dans un moment du passé ? Les repères olfactifs jouent un rôle particulier dans la mémoire, car l'odorat est le seul sens qui a un effet direct sur l'hippocampe. Si un repère olfactif vous évoque un souvenir « agréable, mais flou », essayez de le préciser. Est-ce le parfum de votre mère ou l'après-rasage de votre père ? L'odeur de votre plat préféré, d'une fleur ou d'un autre végétal ?

Une fois ces odeurs identifiées, gardez-les et mettez en place une « scène » olfactive constituée de souvenirs agréables.

Si aucune odeur ne fait ressurgir des souvenirs heureux, respirez l'odeur de différentes huiles essentielles. Quel effet l'odeur de ces huiles a-t-elle sur vous ? Personnellement, j'opte pour l'huile essentielle d'eucalyptus pour un regain d'énergie et l'huile essentielle de lavande pour m'apaiser. Si l'odeur des huiles essentielles agit sur vous, utilisez-les dès que vous voulez ressentir une émotion spécifique ou être d'une humeur particulière. (Voir aussi le conditionnement de la joie ci-après.)

LES OUTILS
POUR DÉVELOPPER
VOTRE ANXIÉTÉ POSITIVE,
OUVRIR LA PORTE
À VOS SUPER POUVOIRS

Renforcez votre résilience

Mettez régulièrement en place le processus de résilience afin d'être en mesure de l'enclencher dès que vous en ressentez le besoin. Ce faisant, vous apprendrez à apprécier, voire à accueillir avec bienveillance certaines erreurs, parce qu'elles sont source d'information.

Entraînez-vous à être plus optimiste

Vous aimeriez être plus optimiste ? Alors voici ce qu'il faut faire.

En début ou en fin de journée (à vous de voir ce qui vous convient le mieux), passez en revue toutes les situations hasardeuses – importantes ou négligeables – auxquelles vous êtes confronté au quotidien. *Est-ce que telle ou telle personne répondra à mon texto ? Est-ce que mon évaluation professionnelle annuelle sera bonne ? Est-ce que mon fils/ma fille va bien s'adapter dans sa nouvelle école ?*

Puis prenez chacune de ces situations et visualisez l'issue la plus optimiste, incroyable, heureuse et formidable possible ; pas simplement l'issue « la moins mauvaise », mais vraiment la meilleure qui soit envisageable. L'objectif n'est pas, bien entendu, que vous soyez plus déçu encore si vous ne recevez pas le texto tant attendu, mais plutôt que vous vous entraîniez à espérer une issue positive et à savoir comment procéder pour qu'il en soit ainsi dans les faits – autrement dit, que pouvez-vous faire de plus pour que l'issue rêvée devienne réalité ?

Postez des tweets positifs à votre intention

Lin-Manuel Miranda a publié un ouvrage regroupant les tweets qu'il publie en début et en fin de journée[77], petits messages pleins d'optimisme, drôles, enflammés et généralement charmants qu'il a voulu partager avec les lecteurs. Je ne sais pas ce qu'il en est pour vous, mais, personnellement, quand je regarde une émission dans laquelle il est interviewé, je le vois comme un homme naturellement positif et optimiste avec un état d'esprit militant. Mais comment devenir aussi productif et créatif ? Eh bien, entre autres, en postant des tweets positifs à votre intention qui sauront vous stimuler en début, mais aussi en fin de journée ! Dites-vous que, tout au long de la journée, vous allez « abattre » un travail phénoménal ou faites le point sur tout ce que vous avez accompli en huit heures.

Je suis consciente que cela peut être difficile pour celles et ceux d'entre nous (dont je fais partie) qui ont tendance à toujours se rabaisser. Si tel est le cas, pensez à ce que vous dirait votre supporteur(rice) n^0 1 (conjoint, conjointe, frère, sœur, meilleur(e) ami(e), parent, tante préférée) et osez le dire ou l'écrire dans un tweet que vous vous adresserez à vous-même !

Repoussez vos limites

Il n'a jamais été aussi simple de suivre un cours sur le Net ou de participer en direct à une séance de gym diffusée en direct sur Instagram. Il y a quelques mois, après avoir lu un article dans un journal, j'ai regardé en direct une vidéo sur le compte Instagram de Venus William et de sa mère, dans laquelle celle qui a remporté cinq fois le tournoi de tennis de Wimbledon faisait de la musculation avec pour haltères des bouteilles de prosecco. Une séance de muscu géniale que je ne suis pas près d'oublier ! Ce qu'il faut retenir de cette expérience, c'est que vous pouvez faire des exercices de musculation et vous entraîner avec ce qui vous tombe sous la main sans avoir à débourser le moindre centime. La séance sera – à vous de décider ! – facile, difficile ou à votre niveau et vous permettra peut-être de vous initier à une nouvelle activité. À vous de stimuler votre cerveau/corps !

Immergez-vous dans la nature

Nombre d'études scientifiques montrent que passer du temps dans la nature est apaisant et ressourçant. Avez-vous déjà entendu parler des bains de forêt tant prisés des Japonais[78] ? Le concept est simple puisqu'il s'agit de marcher en forêt et d'inspirer à pleins poumons l'oxygène rejeté par les arbres et de vous en imprégner comme si vous plongiez dans un bain de verdure. Là où je vis, je n'ai pas la chance d'avoir une forêt à proximité, mais je me rends régulièrement à Central Park ou dans un autre lieu calme, où il n'y a pas trop de monde, pour me ressourcer. Si prendre un bain de forêt ne vous inspire pas, trouvez un autre environnement naturel qui vous fait du bien. Respirez profondément, éliminez les tensions qui sont en vous, concentrez-vous sur les sons, les odeurs et regardez tout autour de vous. Vos sens sont en éveil. Imprégnez-vous de la nature qui vous entoure. Cet exercice renforce la résilience dans la mesure où il vous apporte un regain d'énergie et vous aide à retrouver un équilibre.

Demandez de l'aide

Je me souviens d'une rupture amoureuse quand je suis venue m'installer à New York. J'ai appelé deux de mes meilleurs amis, Susan et Joseph, qui vivent en Arizona. J'étais en larmes et ils m'ont immédiatement proposé de sauter dans un avion pour aller passer le week-end chez eux, proposition que je me suis empressée d'accepter. J'ai eu le sentiment d'être la « paumée » la plus chanceuse de la planète. En effet, j'allais passer deux jours chez des amis à me faire chouchouter. Avec le recul, le type avec lequel je venais de rompre ne méritait pas du tout que je sois aussi désemparée. Mais émotionnellement parlant, j'étais vraiment au plus bas. Je pleurais comme une Madeleine, j'étais bouleversée et je n'arrivais pas à contrôler les mouvements de mon corps. J'étais tellement déboussolée qu'après avoir sorti mes bagages, j'ai claqué la portière de la voiture sur la main de Joseph. Mes amis avaient invité quelques collègues et je suis sûre que s'il y avait eu une cérémonie des Oscars pour récompenser la réalisatrice de la soirée la plus déprimante qui soit, j'aurais sans aucun doute remporté le premier prix. Je n'arrivais même pas à faire semblant d'être heureuse – ce en quoi habituellement j'excelle.

Ce que je retiens de cette période c'est que non seulement j'ai su remonter la pente après cette rupture, mais aussi que je me suis rendu compte que j'avais vraiment des amis sur lesquels je pouvais compter. Ils m'ont accueillie et aidée à y voir plus clair. En un mot, ils ont été là pour moi. Sans eux, j'aurais vraiment eu du mal à me remettre de cette rupture et je n'oublierai jamais leur bienveillance.

Être capable de demander de l'aide, entretenir les liens que l'on a tissés avec ses amis et sa famille, savoir qu'ils seront là dans les coups durs pour vous soutenir et vous encourager aide à lâcher prise et à se prémunir contre l'anxiété négative, mais également à se convaincre que l'on n'est pas seul – ce qui est primordial lorsque l'on subit un stress énorme et que l'on doit compter sur sa propre résilience pour continuer et être aussi bien que possible moralement et physiquement. Lorsque nous sommes confrontés à une disparition ou toute autre forme de détresse, il est normal que nous nous mettions en retrait. C'est ce que font les animaux lorsqu'ils perdent un des leurs. Mais nous avons aussi le pouvoir d'aller vers celles et ceux qui nous aiment et qui pourront nous aider à prendre soin de nous.

Apprendre à renforcer sa résilience est une expérience en soi. Posez-vous la question suivante : quelle est la chose la plus simple que je puisse faire pour un ami ? Une chose qui ne me demande aucun effort et qui, je le sais, lui mettra du baume au cœur. Maintenant, faites la chose en question et voyez ce que cela procure chez vous (c'est le côté expérimental). Si l'on en croit toutes les études menées dans le domaine des neurosciences, l'altruisme favorise la sécrétion et la libération de dopamine avec pour conséquence une bonne dose de résilience en stock. Choisissez quelque chose qui vous est facile, mais qui sera totalement nouveau pour votre ami. Nous savons tous faire des choses qui ne nous demandent aucun effort (cuisiner, faire la vidange d'une voiture, faire le ménage sur le disque dur d'un ordinateur ou la carte SIM d'un téléphone mobile) et qui sont récompensées au centuple par la joie qu'elles génèrent chez les autres. Ma spécialité est de disséquer les cervelles d'agneaux pour les copains de mes enfants. Je fais ça en un rien de temps, j'évince le côté sordide de la manipulation et je prends toujours beaucoup de plaisir à le faire. J'adore voir les réactions – horreur, stupeur et émerveillement – qu'une dissection suscite chaque fois. C'est pourquoi, pour stimuler la sécrétion de dopamine chez les 8-10 ans, je n'ai rien trouvé de mieux que d'organiser dans mon labo ces séances de dissection. Les parents comme les enfants (une fois le moment de dégoût passé) sont enchantés. La seule chose que j'aie à faire en amont est de trouver une date qui convienne à tout le monde. En général, j'ai droit à une glace en remerciement. Si vous n'êtes ni le roi ni la reine du scalpel (ce que je comprends), cherchez parmi toutes vos compétences celle que vous pouvez utiliser pour apporter de la joie et foncez !

Améliorez vos performances et accédez au *flow*

Le conditionnement de joie

Imaginons que nous ayons vécu une terrible expérience dans une rue sombre (une tentative d'agression, par exemple). Il est plus que probable que nous refuserons pendant un certain temps d'emprunter cette voie. Ce conditionnement de peur dépend de l'amygdale. Le lieu où la mauvaise expérience s'est produite (la rue sombre) est désormais automatiquement associé à une réponse de peur intense dont nous aurons beaucoup de mal à nous débarrasser. Or, il s'avère que l'amygdale est également impliquée dans le conditionnement d'émotions ou d'humeurs positives, ce que j'appelle « conditionnement de joie ». Si le conditionnement de peur est, au fil du temps, devenu un outil indispensable qui nous permet de rester sains et saufs, le conditionnement de joie peut favoriser une sensation de bien-être au quotidien (notamment les jours où notre anxiété est particulièrement grande). Comment ça marche ?

Choisissez une expérience appartenant à votre passé reposant sur les deux critères suivants : 1) lorsque la situation s'est produite, vous vous êtes senti merveilleusement bien à un point tel que vous avez eu envie de connaître de nouveau cette sensation ; 2) une sensation olfactive est associée à ce souvenir. (Ce second élément va considérablement vous aider, car les souvenirs olfactifs durent longtemps du fait du lien étroit qui existe entre notre système olfactif et notre système de mémoire à long terme, la consolidation des souvenirs étant assurée par l'hippocampe.)

Personnellement, je me souviendrai encore longtemps de la sensation de bien-être intense éprouvée à la suite d'une séance de yoga. Pendant toute la séance, je m'étais sentie particulièrement bien en enchaînant les postures – Chien tête en haut, Chien tête en bas –, telle une pro. À la fin de cette séance, dégoulinante de sueur, j'ai pris la posture préférée de tous les yogis : savasana. Alors que j'étais allongée sur mon tapis de yoga, ma professeure de yoga s'est approchée de moi, a secoué ses mains enduites de crème à la lavande à la hauteur de mon nez et, pendant cinq secondes, m'a massé le cou comme personne ne l'avait jamais fait. J'étais au paradis. Au fil du temps, je me suis aperçue que chaque fois que je sens l'odeur d'une crème à la lavande, ce souvenir refait naturellement surface, comme si mon cerveau avait établi un lien direct entre l'odeur de la lavande et le massage du cou (un conditionnement de joie par excellence). C'est pourquoi j'ai pris l'habitude de toujours avoir une petite bouteille d'huile essentielle de lavande. Si au cours de la journée, j'éprouve le besoin d'avoir une petite dose de joie, il me suffit d'ôter le bouchon pour revivre ce moment délicieux.

Vous pouvez vous aussi revivre un souvenir qui vous procure du bonheur avec n'importe quelle huile essentielle ou toute autre odeur. Cherchez en vous le souvenir susceptible de vous procurer le plus de joie au quotidien et faites-le revivre. Revivre un moment heureux du passé pour vivre mieux aujourd'hui deviendra rapidement votre occupation préférée !

Développez un état d'esprit militant

Sans trop réfléchir, en dix phrases courtes, décrivez ce que vous éprouvez à l'instant T (par exemple, je me sens frustré(e), dans le jugement, gentil(le), aimant(e), en colère, reconnaissant(e), etc.) et pourquoi.

1. ....
....
2. ....
....
3. ....
....
4. ....
....
5. ....
....
6. ....
....
7. ....
....
8. ....
....
9. ....
....
10. ....
....

Puis, sans porter le moindre jugement (c'est essentiel !), reprenez votre liste et entourez les mots positifs. Concentrez-vous sur ces points positifs. Pourquoi ces sentiments vous habitent-ils ? Que vous inspire le fait de vous voir ainsi ?

Creusez le plus possible afin de comprendre réellement et d'évaluer les aspects les plus positifs de cette vision que vous avez de vous-même. Vous aimeriez voir plus de mots positifs figurer sur votre liste ?, Pas de panique, vous pouvez y remédier.

Mettez fin aux monologues qui ne font pas du bien

Concentrez-vous ensuite sur les deux points négatifs qui arrivent en premier sur votre liste, l'objectif étant de faire appel à votre état d'esprit militant pour les transformer en points positifs. Pour vous aider à mieux comprendre, deux exemples relativement courants montrent combien des individus peuvent être durs ou frustrés à l'égard d'eux-mêmes et comment il est possible de changer ce regard.

1. Je suis énervé(e) car, professionnellement, je n'arrive pas à évoluer comme je le souhaiterais.

Pour transformer cet énervement ou cette frustration, polarisez-vous sur ce que, professionnellement parlant, vous savez le mieux faire : gérer des réseaux informatiques, rédiger des rapports, manager une équipe ou gérer des fonds. L'idée est que vous creusiez pour trouver le(s) point(s) productif(s) et positif(s) dans le domaine qui ne vous satisfait pas. Concentrez-vous. Si l'état d'esprit dans lequel vous étiez se résume à «Je suis toujours énervé(e) car, sur le plan professionnel, je ne progresse pas aussi vite que je le souhaiterais», transformez votre vision des choses en «Je sais que si je me polarise sur mes points forts (voir la liste) et si j'apprends à faire de certaines faiblesses des atouts, je pourrai évoluer dans mon travail».

2. Je suis frustré(e) car je n'arrive pas à trouver un compagnon/une compagne.

Visualisez les aspects d'une relation amoureuse qui, pour vous, ont le plus d'importance, aspects qui vous comblaient dans une précédente liaison, que vous trouvez dans une relation amicale (comme la confiance que j'ai en mon amie Paula) ou la relation que vous avez toujours vue et admirée dans les couples – vos parents ou certains de vos amis – que vous fréquentez. Au lieu de vous focaliser sur ce que vous n'avez pas, polarisez-vous sur ce que vous désirez. Qu'attendez-vous qu'un compagnon/une compagne apporte à votre vie ? Quelle impulsion recherchez-vous dans une relation amoureuse ? Réfléchir aux éléments fondamentaux sur lesquels bâtir une relation future vous aidera à savoir ce que vous recherchez chez l'autre. Ce faisant, vous ne resterez pas bloqué(e) sur ce manque important dans votre vie et vous pourrez mettre bout à bout les éléments qui vous permettront de reconnaître la personne faite pour vous lorsqu'elle se présentera.

Autoévaluation 101

Voilà un outil simple à utiliser régulièrement et aussi souvent que possible pour évaluer tous les bienfaits que vous offre la vie. Essayez de vous polariser sur les bonnes choses qui, à votre sens, vous sont acquises à tout jamais (une personne de votre équipe qui a toujours une solution à vous proposer, la maison dans laquelle vous vivez et vous vous sentez à l'abri). L'idéal est que, toutes les heures, vous portiez un regard positif sur une chose, même anodine – par exemple, le stylo que vous utilisez.

Cet exercice vous aidera à récolter les fruits de cet état d'esprit militant indispensable pour tenter d'atteindre les objectifs les plus urgents, les plus motivants et les plus légitimes que vous vous êtes fixés.

Pour un état d'esprit plus souple et plus fort

Plus vous sollicitez vos muscles, plus ils se tonifient et plus vos mouvements sont fluides et gracieux. Il en est de même pour le cerveau. Les réseaux neuronaux et les voies neuronales que nous mobilisons en permanence se renforcent, sont plus efficaces et favorisent la circulation de l'influx nerveux. Comme nous l'avons vu, l'état d'esprit est bien plus qu'un tempérament ou un trait de caractère menant à une ouverture d'esprit, à une flexibilité cognitive et à un optimisme. Nous avons tous la capacité de changer le regard que nous portons sur nous-mêmes afin de développer un état d'esprit perfectible. Mais comment renforcer le « muscle » neural d'un état d'esprit militant ? Tout simplement en le sollicitant le plus possible.

L'une des manières les plus radicales pour « assouplir » le « muscle » de la flexibilité cognitive est de savoir tirer les leçons de nos erreurs, tout comme nous devons apprendre des erreurs commises pour développer un état d'esprit militant. Nombreux sont les individus qui font le compte de toutes les erreurs – petites et énormes – qu'ils ont commises dans la journée. Un bilan qui, pour certains, est en partie à l'origine de l'anxiété négative qui les habite et la preuve qu'ils ne sont pas bons dans tel ou tel domaine. Si c'est votre cas, cessez de vous lamenter et servez-vous de ce bilan pour vous améliorer. À la fin de la journée, réfléchissez à tous les enseignements que vous pouvez tirer de ces situations que vous avez vécues comme des erreurs ou des faux pas. Bien évidemment, toutes les erreurs ne sont pas du même ordre, n'ont pas les mêmes répercussions et toutes ne vont pas catégoriquement changer votre vie. À certains moments, vous comprendrez que, contrairement à ce que vous pensiez, ce que vous avez vécu n'était pas une erreur. À d'autres, vous serez surpris de découvrir tout ce que vous avez à gagner en connaissance et en sagesse en tirant de manière systématique des enseignements de vos erreurs. À mon sens, l'illustration la plus probante est le fait qu'une perte ou un manque peuvent déboucher sur quelque chose de nouveau et totalement inattendu, par exemple en vous obligeant à vous demander pourquoi, sur le service de votre adversaire, lorsque vous frappez la balle, elle atterrit toujours dans le filet. Si vous ne faites rien, chaque fois que vous frapperez la balle, vous commettrez la même erreur et votre balle n'atterrira jamais dans le camp adverse. Il faut que votre professeur de tennis vous explique que c'est parce que vous tenez votre raquette de telle ou telle manière que la balle ne s'élève pas au-dessus du filet. Dans un premier temps, la balle passera peut-être au-dessus du filet, mais la frappe sera si forte qu'elle franchira les limites du court. Vous devrez alors apprendre à contrôler votre geste et, au fil du temps, vous comprendrez comment tenir votre raquette et frapper la balle pour qu'elle franchisse le filet sans sortir du court. Pour gérer votre anxiété, vous devez ni plus ni moins suivre ce même schéma : identifier vos objectifs, maîtriser la manière dont vous réagissez face à la situation jusqu'à ce que vous avanciez dans la bonne direction.

Il est aussi possible d'apprendre d'une erreur qui fait que vous aimeriez vous mettre dans un trou de souris et que vous souhaiteriez oublier à tout jamais ce qui s'est passé. Comment ? En ayant recours à la visualisation. Imaginons que vous ayez participé à un événement professionnel et qu'à un moment donné, vous n'arriviez plus à vous souvenir du nom de votre patron. Plutôt que de vous repasser cet incident en boucle et ressentir de la honte ou de la gêne, revivez la situation différemment : vous vous souvenez du nom de votre patron, vous faites une plaisanterie et tout se passe bien. En visualisant une autre scène, vous mettez en place un autre souvenir qui va prendre le dessus sur ce que vous ressentiez jusqu'alors. Vous n'allez pas changer l'histoire, mais vous allez dégager la voie obstruée par le souvenir d'une situation particulièrement désagréable. Et cerise sur le gâteau : il y a fort à parier que vous n'oublierez plus jamais le nom de votre patron !

Pour une plus grande attention et une meilleure productivité

Remaniez votre liste de « et si ? »

La liste de « et si ? » est cette liste de sujets d'inquiétude qui perturbent votre pensée, vous poussent à tout remettre au lendemain et, le cas échéant, interfèrent avec votre bien-être. Et si je n'arrive pas à… (à vous de compléter la phrase : rédiger ce rapport, rendre ma dissertation à temps, obtenir une bourse, trouver un argument de vente, etc.) ? Et si je perds mon travail ? Et si je n'arrive pas à me débarrasser des 5 kg que j'ai en trop ? La majorité d'entre nous ont des inquiétudes dissimulées qui les rongent, inquiétudes qui souvent sont tenaces, mais pas toujours réalistes. Alors, comment faire pour éviter qu'elles ne prennent le dessus et ne nous empoisonnent ?

Des études récentes ont mis en avant deux stratégies qui donnent des résultats convaincants et fiables. Si l'on en croit ces données, lorsque des personnes visualisent une issue positive à un problème donné et/ou formulent à voix haute une issue tout autre à leur « et si ? », non seulement ce que génère l'inquiétude (comprenez, l'anxiété) diminue, mais ces personnes ont « une plus grande aptitude à surmonter la situation[79] ». Autrement dit, elles arrivent à avoir le recul nécessaire par rapport à leur inquiétude pour prendre conscience qu'elles peuvent la gérer.

Je vous propose de vous prêter à l'exercice ci-après. Cet exercice, certes facile, ne produira les bénéfices escomptés que si vous le faites régulièrement. C'est pourquoi je vous conseille de vous entraîner au quotidien durant au moins une semaine. Il est important de garder une trace écrite de cette expérience.

1. Focalisez-vous sur l'un de vos sujets d'inquiétude figurant sur la liste de « et si ? ».

2. Pendant cinq minutes, concentrez-vous sur votre respiration. Si vos pensées vagabondent, portez de nouveau toute votre attention sur votre respiration. Si nécessaire, utilisez un sablier ou un chronomètre pour être sûr que vous respectez bien le temps imparti (5 minutes).

3. Focalisez-vous de nouveau sur le sujet choisi et suivez les recommandations de l'une ou l'autre des options ci-dessous :

- fermez les yeux et visualisez une issue positive au problème qui vous inquiète (par exemple, tous vos amis et collègues viennent vous voir à la fin de votre présentation pour vous féliciter et vous dire qu'ils n'ont jamais assisté à une aussi bonne prestation) ;
- fermez les yeux et formulez à voix haute l'issue positive que vous entrevoyez (par exemple, dites-vous qu'après votre allocution, vos collègues et votre responsable viendront vous féliciter pour cette présentation hors pair).

Puis faites le point sur la « séance ». Notez scrupuleusement ce que vous avez ressenti, d'une part après l'exercice durant lequel vous vous êtes concentré sur votre respiration, d'autre part après l'exercice de visualisation ou de verbalisation. Vous pouvez, si vous le souhaitez, sélectionner un autre sujet d'inquiétude et refaire l'exercice.

Je ne peux pas vous promettre que vos inquiétudes vont disparaître, mais je peux vous assurer que vous serez plus à même de les supporter. Vous prendrez probablement du recul et porterez sur elles un regard plus objectif.

Focalisez votre attention

Il y a toujours des choses que nous devons faire. Cet exercice peut vous aider, dans un premier temps, à prendre conscience de ce que signifie focaliser son attention et, dans un second temps, à réellement vous concentrer.

Comment ça marche ?

1. La prochaine fois que vous travaillerez au bureau ou chez vous sur un projet que vous devez finaliser prochainement, octroyez-vous dix minutes pour réfléchir à votre mission. Veillez à ce que rien ne vienne vous perturber. Ne répondez pas au téléphone, n'écoutez pas votre messagerie, ne surfez pas sur le Net, ne regardez pas votre chaîne d'informations préférée et ne jouez pas avec votre chat, votre chien ou autre animal domestique.

2. Si vous arrivez à respecter ce créneau de dix minutes, bravo ! Si c'est trop long pour vous, faites une pause et reprenez l'exercice.

3. Si, au milieu de la séance, vous vous surprenez à regarder une vidéo sur YouTube, identifiez ce qui a détourné votre attention et recommencez l'exercice en partant de zéro. Rassurez-vous, ce n'est pas grave.

L'objectif de cet exercice est de vous aider à prendre conscience de ce qui détourne votre attention et pourquoi, et à évaluer votre concentration. Êtes-vous capable de rester concentré quinze minutes ? Trente minutes ? Que se passe-t-il quand vous êtes fatigué ? Cet indicateur vous aidera à identifier le moment où vous devez faire un break ou vous dispenser durant une journée de toute activité requérant beaucoup d'attention.

Changez d'environnement

Lorsque l'anxiété négative commence à monter en vous, l'une des meilleures façons pour vous aider à rester concentré est tout simplement de changer d'environnement. Les effets seront d'autant plus importants si, parallèlement, vous pratiquez un exercice physique. Marcher d'un bon pas est excellent, non seulement pour l'humeur, mais aussi pour la concentration. Joignez l'utile à l'agréable. Par exemple, choisissez une destination qui vous plaît et demandez à un(e) ami(e) de vous accompagner ou faites une longue marche, où que vous soyez (dans un supermarché, un centre commercial, voire dans un aéroport !).

La méditation, un outil dont bientôt vous ne pourrez plus vous passer

Si vous avez lu mon livre *Bouge ton cerveau*[80] (Marabout, 2018), vous savez combien j'ai eu du mal à me plier à une pratique méditative régulière. J'ai tout essayé, y compris les méditations guidées et les séances en ligne sur YouTube. J'étais réfractaire à tout jusqu'au jour où l'on m'a parlé de la méditation du thé. Comme son nom l'indique, cette pratique associe la méditation de pleine conscience, qui consiste à être attentif aux pensées qui vous habitent, à ce que vous ressentez à l'instant T, et la cérémonie du thé aussi bien lorsqu'il infuse que lorsque vous le buvez. Associer un thé au goût savoureux qui infuse dans une théière au rituel de la méditation donne un rythme et un sens à cette pratique que je n'avais jamais trouvés jusqu'alors.

Comment procéder ?

- Asseyez-vous à une table ou ailleurs, l'objectif étant que vous soyez confortablement installé(e). Posez devant vous une bouilloire d'eau, une théière dans laquelle vous versez du thé en vrac pour au moins trois tasses et la tasse de votre choix.
- Versez de l'eau bouillante dans la théière (l'équivalent d'une tasse).
- Laissez tranquillement le thé infuser.
- Versez précautionneusement le thé dans votre tasse.
- Portez la tasse à vos lèvres. Délectez-vous de la saveur du thé. Vous sentez la chaleur envahir votre gorge puis descendre jusque dans votre ventre. Versez de l'eau dans la théière (l'équivalent d'une tasse). Laissez infuser et dégustez votre thé. Concentrez-vous sur ce qui est autour de vous. J'ai pour habitude de m'installer dans un coin de la maison où il y a beaucoup de plantes, que j'observe avec calme et sérénité. Si vous êtes dans votre jardin, observez la nature autour de vous.
- Versez le restant d'eau dans la théière et laissez infuser. Pendant ce temps, dégustez le thé dans votre tasse en vous concentrant sur votre environnement.

Procédez de même en buvant une troisième tasse de thé.

Le jour où j'ai été initiée à cette médiation de pleine conscience, j'ai su que j'avais trouvé ce qui me convenait. J'adore et j'ai besoin d'observer ce rituel qui fait désormais partie de ma vie. Même si je ne cherche aucune autre forme de méditation, j'essaie parfois d'inclure dans une séance méditative de la bienveillance et de la compassion. Par exemple, je porte toute mon attention sur des personnes ou des animaux pour lesquels je ressens de l'amour, de l'amitié, de la gentillesse ou de la compassion. Puis, si j'en éprouve le besoin, j'essaie de penser avec bienveillance et gentillesse à des personnes envers lesquelles ces sentiments sont moins forts. La plupart du temps, j'essaie juste de me concentrer sur ce que je ressens dans mon corps et dans mon esprit en laissant vagabonder les pensées qui essaient d'attirer mon attention (À quelle heure est mon premier rendez-vous ? Est-ce que j'ai bien envoyé tel ou tel mail hier soir ?), sans m'y attarder.

Le pouvoir des mots

Une autre technique pour aider votre esprit à se concentrer sur le moment présent est l'écriture, qui permet littéralement de vider son esprit. Choisissez le moment – le matin au réveil ou le soir au coucher – qui vous semble le plus opportun. Pour moi, l'écriture est un complément à la méditation.

Comment procéder ?

- Prenez cinq minutes pour écrire dans un journal de bord ou sur le premier morceau de papier qui vous tombe sous la main. (À mon sens, mieux vaut écrire à la main qu'utiliser votre ordinateur, votre téléphone ou votre tablette. En effet, on écrit moins vite que l'on ne tape, ce qui laisse plus de temps à la contemplation et à la méditation de pleine conscience.)
- Écrivez ce que vous ressentez exactement dans votre corps à l'instant T. Prenez chaque partie de votre corps en remontant des pieds vers la tête (ancré, douloureux, tendu, etc.) ou portez votre attention sur une partie spécifique de votre corps ou sur votre respiration. Essayez de rester concentré(e) sur ce que vous ressentez physiquement afin de vous ancrer le plus possible dans l'instant T. Peu importe que vous finissiez l'exercice en cinq minutes ou que vous écriviez n'importe comment (parfois, je n'arrive pas à déchiffrer ce que j'ai écrit !), l'essentiel étant que vous réussissiez à vous concentrer là où vous vous trouvez à un moment donné.

POUR CONCLURE, UN MOT D'AMOUR

Votre anxiété est un super pouvoir se veut d'être un livre qui traite tous les aspects de l'anxiété, y compris les informations que l'anxiété nous donne sur nous-mêmes et sur le chemin qui mène à une vie plus épanouie, plus créative et moins stressante. J'espère que, grâce à cet ouvrage, vous avez compris que l'anxiété n'est pas une malédiction, mais un réel pouvoir. J'espère aussi que, grâce à la science, vous avez compris qu'il est possible de mieux contrôler vos pensées, vos sentiments et vos comportements. En effet, toutes les études et les histoires que je vous ai présentées au fil des pages montrent combien le cerveau est flexible et malléable et comment cette plasticité et ce besoin d'apprendre et de s'adapter sont nourris par l'anxiété positive. Un état d'esprit positif, une plus grande productivité, la compassion, une meilleure performance, une stimulation de la créativité et une plus grande résilience sont autant de bienfaits que notre cerveau et notre anxiété peuvent nous offrir et offrir aux autres. Mais il est un autre super pouvoir dont je souhaiterais vous parler. Ce super pouvoir est l'amour.

La disparition de mon père puis celle de mon frère ont, à tout jamais, changé ma vie. L'un des effets immédiats fut le renforcement des liens qui m'unissent à ma mère et à ma belle-sœur. Jamais nous n'avons été aussi proches. Cet attachement est réciproque et nous n'avons plus peur de montrer l'amour que nous éprouvons les unes pour les autres, un amour profond. Cet amour s'est peu à peu propagé aux autres membres de notre famille puis à nos amis. C'est aussi cet amour qui a changé ma vie, avec de petites et de grandes répercussions sur mon quotidien dans les choix que je fais (passer plus de temps à rire avec mes amis et ma famille plutôt que de rester cloîtrée dans mon labo à travailler), mais aussi dans ce à quoi j'aspire aujourd'hui (trouver quelque chose qui aidera chacun d'entre nous à se servir de son cerveau pour exploiter au mieux ses talents).

C'est aussi cette capacité à éprouver de l'amour qui a fait que ce livre a pris forme dans ma tête et a été relativement facile à écrire. J'ai réalisé tout l'amour que je portais à mon frère, un amour dont je n'avais pas conscience avant qu'il ne nous quitte à tout jamais. Cet amour était peut-être caché par une rivalité entre lui et moi qui remontait à l'enfance, voire à des enfantillages auxquels je m'accrochais. Il a fallu que mon frère meure pour que je me rende compte à quel point je l'aimais.

J'ai vraiment compris ce que veut dire « ce n'est que lorsqu'elles ne sont plus là que l'on réalise à quel point certaines personnes comptaient pour nous ». Mais je me dis aussi que si mon frère n'était pas mort, je n'aurais probablement jamais pris conscience de cet amour. Ma souffrance et ma détresse qui résultent de cet amour m'ont permis de comprendre que l'amour est un super pouvoir qui occupe une place importante dans ma vie. C'est aussi l'amour qui a permis à chacune des personnes dont je vous ai relaté l'histoire de surmonter les affects négatifs liés à l'anxiété.

J'ai découvert que les pertes, les blessures et les vicissitudes de la vie donnent une autre dimension à notre existence, un savoir et une sagesse et surtout qu'elles nous font, à nous qui sommes vivants, l'aimer plus encore. Je sais que je continue à grandir et à évoluer en tant que personne, non pas malgré, mais grâce à la disparition de mon père et de mon frère.

Laissez-vous guider par l'amour. Laissez-vous étreindre par l'amour et donnez de l'amour. L'amour est pour moi le plus grand des super pouvoirs dont nous pouvons disposer. Un super pouvoir dont nous pouvons user et abuser, jour après jour, et ce jusqu'à notre dernier souffle.

REMERCIEMENTS

Je tiens à remercier chaleureusement Billie Fitzpatrick, qui a pensé et coécrit ce livre avec moi. Merci pour ta sagesse, ta patience et tes indéniables compétences rédactionnelles.

Un grand merci aussi à mon agent littéraire Yfat Reiss Gendell. Ta créativité, ta présence et ton entêtement m'ont été d'une aide précieuse.

Merci à Leah Miller, mon éditrice. Merci pour ton énergie, ton anticipation, tes conseils avisés et ton professionnalisme.

NOTES

Qu'est-ce que l'anxiété ?

1. Joseph LeDoux, *Anxious: Using the Brain to Understand and Treat Fear and Anxiety* (New York: Penguin Press, 2015).
2. Robert M. Sapolsky, "Why Stress is Bad for Your Brain", Science 273 (5276), 1996: 749–50, doi:10 .1126/science.273.5276.749; Robert M. Sapolsky, *Why Zebras Don't Get Ulcers* (New York: W. H. Freeman, 1998).
3. Jack P. Shonkoff and Deborah A. Phillips, eds, *From Neurons to Neighborhoods: The Science of Early Childhood Development* (Washington, DC: National Academies Press, 2000).
4. Website of the Anxiety & Depression Association of America, https://adaa.org/

Tirer parti du pouvoir de la plasticité cérébrale

5. Mark R. Rosenzweig, David Krech, Edward L. Bennett and Marian C. Diamond, "Effects of Environmental Complexity and Training on Brain Chemistry and Anatomy: A Replication and Extension", *Journal of Comparative and Physiological Psychology* 55 (4), 1962: 429–37, doi:10.1037/h0041137.
6. Tiffany A. Ito, Jeff T. Larsen, N. Kyle Smith and John T. Cacioppo, "Negative Information Weighs More Heavily on the Brain: The Negativity Bias in Evaluative Categorizations", *Journal of Personality and Social Psychology* 75 (4), 1998: 887–900, doi:10.1037//0022 -3514.75.4.887.
7. Robert Plutchik, "A General Psychoevolutionary Theory of Emotion", in *Emotion: Theory, Research and Experience, Volume*

1: Theories of Emotion, Robert Plutchik and Henry Kellerman, eds., (New York: Academic Press, 1980), 3–33.

8. Jeremy P. Jamieson, Alia J. Crum, J. Parker Goyer, Marisa E. Marotta and Modupe Akinola, "Optimizing Stress Responses with Reappraisal and Mindset Interventions: An Integrated Model", *Anxiety Stress and Coping* 31 (3) 2018: 245–61, doi:10 .1080/10615806.2018.144261.
9. James J. Gross, "Emotion Regulation: Past, Present, Future", *Cognition and Emotion*, Volume 13: 1999;13:551–573.
10. James J. Gross, "Antecedent–and Response–Focused Emotion Regulation: Divergent Consequences for Experience, Expression and Physiology", *Journal of Personality and Social Psychology* 74 (1), 1998: 224–37, doi:10.1037//0022-3514.74.1.224; James J. Gross, ed., *Hand book of Emotion Regulation*, 2nd ed. (New York: Guilford Press, 2014).
11. Josh M. Cisler, Bunmi O. Olatunji, Matthew T. Feldner and John P. Forsyth, "Emotion Regulation and the Anxiety Disorders: An Integrative Review", *Journal of Psychopathology and Behavioral Assessment* 32 (1), 2010: 68–82, doi:10 .1007/s10862-009-9161-1.

Le *coping*, ou comment gérer l'anxiété dans la vraie vie

12. Elizabeth I. Martin, Kerry J. Ressler, Elisabeth Binder and Charles B. Nemeroff, "The Neurobiology of Anxiety Disorders: Brain Imaging, Genetics and Psychoneuroendocrinology", *Psychiatric Clinics of North America* 32 (3), 2009: 549–75, doi:10.1016/j.psc.2009.05.004; Rainer H. Straub and Maurizio Cutolo, "Psychoneuroimmunology—Developments in Stress Research", *Wiener Medizinische Wochenschrift* 168 (3–4), 2018: 76–84, doi:10.1007/s10354-017-0574-2.

Boostez votre résilience

13. Karen J. Parker and Dario Maestripieri, "Identifying Key Features of Early Stressful Experiences that Produce Stress Vulnerability and Resilience in Primates", *Neuroscience & Biobehavioral Reviews* 35 (7), 2011: 1466–83, doi:10 .1016/j. neubiorev.2010 .09.003.
14. American Psychological Association, "Building Your Resilience", https://www.apa.org/topics/resilience.
15. Theodore M. Brown and Elizabeth Fee, "Walter Bradford Cannon: Pioneer Physiologist of Human Emotions", *American Journal of Public Health* 92 (10), 2002: 1594–95.
16. Hideo Uno, Ross Tarara, James G. Else, Mbaruk A. Suleman and Robert M. Sapolsky, "Hippocampal Damage Associated with Prolonged and Fatal Stress in Primates", *Journal of Neuroscience* 9 (5), 1989: 1705–11, doi:10 .1523/ JNEUROSCI.09-05-01705.1989.
17. Gang Wu, Adriana Feder, Hagit Cohen, Joanna J. Kim, Solara Calderon et al., "Understanding Resilience", *Frontiers in Behavioral Neuroscience* 7 (10), 2013, doi:10 .3389/ fnbeh.2013.00010.
18. Richard Famularo, Robert Kinscherff and Terence Fenton, "Psychiatric Diagnoses of Maltreated Children: Preliminary Findings", *Journal of the American Academy of Child & Adolescent Psychiatry* 31 (5), 1992: 863–67, doi:10 .1097/00004583-199209000-00013.
19. Louise S. Ethier, Jean-Pascal Lemelin and Carl Lacharité, "A Longitudinal Study of the Effects of Chronic Maltreatment on Children's Behavioral and Emotional Problems", *Child Abuse & Neglect* 28 (12), 2004: 1265–78, doi:10 .1016/j. chiabu.2004.07.006.
20. Jungeen Kim and Dante Cicchetti, "Longitudinal Trajectories of Self-System Processes and Depressive Symptoms Among Maltreated and Nonmaltreated Children", *Child*

Development 77 (3), 2006: 624–39, doi:10 .1111/j .1467-8624 .2006.00894.x.

21. Celia C. Lo and Tyrone C. Cheng, "The Impact of Childhood Maltreatment on Young Adults' Substance Abuse", *The American Journal of Drug and Alcohol Abuse* 33 (1), 2007: 139–46, doi:10.1080/00952990601091119.
22. Cathy Spatz Widom and Michael G. Maxfield, "A Prospective Examination of Risk for Violence Among Abused and Neglected Children", *Annals of the New York Academy of Sciences* 794, 1996: 224–37, doi:10 .1111/j .1749-6632.1996. tb32523 .x .
23. Eamon McCrory, Stephane A. De Brito and Essi Viding, "Research Review: The Neurobiology and Genetics of Maltreatment and Adversity", *The Journal of Child Psychology and Psychiatry* 51 (10), 2010: 1079–95, doi:10 .1111/j .1469-7610.2010.02271.x.
24. Michael D. De Bellis, Matcheri S. Keshavan, Duncan B. Clark, B. J. Casey, Jay N. Giedd et al., "Developmental Traumatology, Part II: Brain Development", *Biological Psychiatry* 45 (10), 1999: 1271–84, doi:10 .1016/s0006-3223(99)00045-1.
25. Martin H. Teicher, Jacqueline A. Samson, Carl M. Anderson and Kyoko Ohashi, "The Effects of Childhood Maltreatment on Brain Structure, Function and Connectivity", *Nature Reviews Neuroscience* 17 (10), 2016: 652–66, doi:10 .1038/ nrn .2016 .111; Fu Lye Woon, Shabnam Sood and Dawson W. Hedges, "Hippocampal Volume Deficits Associated with Exposure to Psychological Trauma and Posttraumatic Stress Disorder in Adults: A Meta-Analysis", Progress in *Neuro-Psychopharmacology and Biological Psychiatry* 34 (7), 2010: 1181–88, doi:10.1016/j.pnpbp .2010 .06 .016.
26. Jack P. Shonkoff and Deborah A. Phillips, eds., *From Neurons to Neighborhoods: The Science of Early Childhood Development* (Washington, DC: National Academies Press, 2000).
27. Jack P. Shonkoff, W. Thomas Boyce and Bruce S. McEwen, "Neuroscience, Molecular Biology and the Childhood Roots

of Health Disparities: Building a New Framework for Health Promotion and Disease Prevention", *JAMA* 301 (21), 2009: 2252–59, doi:10 .1001/jama.2009.754.

28. Dominic J. C. Wilkinson, Jane M. Thompson and Gavin W. Lambert, "Sympathetic Activity in Patients with Panic Disorder at Rest, Under Laboratory Mental Stress and During Panic Attacks", *JAMA Psychiatry* 55 (6), 1998: 511–20, doi:10 .1001/archpsyc .55.6.511.
29. Flurin Cathomas, James W. Murrough, Eric J. Nestler, Ming-Hu Han and Scott J. Russo, "Neurobiology of Resilience: Interface Between Mind and Body", *Biological Psychiatry* 86 (6), 2019: 410–20, doi:10 .1016/j.biopsych. 2019.04.011.
30. M. E. Seligman, "Depression and Learned Helplessness", in *The Psychology of Depression: Contemporary Theory and Research*, eds. R. J. Friedman and M. M. Katz (London: John Wiley & Sons, 1974), 83–125.
31. J. Brockhurst, C. Cheleuitte-Nieves, C. L. Buckmaster, A. F. and D. M. Lyons, "Stress Inoculation Modeled in Mice", *Translational Psychiatry* 5 (3), 2015: e537, doi: 10 .1038/tp .2015.34; PMID: 25826112; PMCID: PMC4354359.
32. Gang Wu, Adriana Feder, Hagit Cohen, Joanna J. Kim, Solara Calderon et al., "Understanding Resilience", *Frontiers in Behavioral Neuroscience* 7, 2013: 10, doi:10 .3389/fnbeh .2013.00010
33. Aux États-Unis, l'année universitaire est divisée en deux semestres : le semestre d'automne de la fin août à la mi-décembre et le semestre de printemps de la mi-janvier à la fin mai. (NdT.)

Développez un état d'esprit militant

34. Joseph Loscalzo, "A Celebration of Failure", *Circulation* 129 (9), 2014: 953–55, doi:10.1161/CIRCULATIONAHA .114 .009220.

35. Carol S. Dweck, *Mindset: The New Psychology of Success* (New York: Random House, 2006).
36. Elizabeth I. Martin, Kerry J. Ressler, Elisabeth Binder and Charles B, Nemeroff, 2009. "The Neurobiology of Anxiety Disorders: Brain Imaging, Genetics and Psychoneuroendocrinology", *Psychiatric Clinics of North America* 32 (3), 2009: 549–75, doi:10 .1016/j. psc.2009.05.004.
37. Lang Chen, Se Ri Bae, Christian Battista, Shaozheng Qin, Tanwen Chen, Tanya M. Evans and Vinod Menon, "Positive Attitude Toward Math Supports Early Academic Success: Behavioral Evidence and Neurocognitive Mechanisms", *Psychological Science* 29 (3), 2018: 390–402, doi:10.1177/0956797617735528.
38. William A. Cunningham and Philip David Zelazo, "Attitudes and Evaluations: A Social Cognitive Neuroscience Perspective", *Trends in Cognitive Science* 11 (3), 2007: 97–104, doi:10.1016/j. tics.2006.12.005.
39. Leo P. Crespi, "Quantitative Variation of Incentive and Performance in the White Rat", *American Journal of Psychology* 55 (4), 1942: 467 – 517, doi:10.2307/1417120.

Développez une plus grande attention et une meilleure productivité

40. Sadia Najmi, Nader Amir, Kristen E. Frosio and Catherine Ayers, "The Effects of Cognitive Load on Attention Control in Subclinical Anxiety and Generalised Anxiety Disorder", *Cognition and Emotion* 29 (7), 2015: 1210–23, doi:10 .1080/02699931 .2014 .975188.
41. Adele Diamond, "Executive Functions", *Annual Review of Psychology* 64 (2013): 135–68, doi:10 .1146/ annurev-psych-113011-143750.
42. Steven E. Petersen and Michael I. Posner, "The Attention System of the Human Brain: 20 Years After", *Annual Review of Neurosciece* 35 (2012): 73–89, doi:10 .1146/ annurev-neuro-062111-150525.

43. Morgan G. Ames, “Managing Mobile Multitasking: The Culture of iPhones on Stanford Campus”, *CSCW13: Proceedings of the 2013 Conference on Computer Supported Cooperative Work* (2013), 1487–98, doi:10.1145/2441776.2441945.
44. Antoine Lutz, Heleen A. Slagter, John D. Dunne and Richard J. Davidson, “Attention Regulation and Monitoring in Meditation”, *Trends in Cognitive Sciences* 12 (4), 2008: 163–69, doi:10.1016/j.tics .2008.01.005.
45. Matthieu Ricard, Antoine Lutz and Richard J. Davidson, “Mind of the Meditator”, *Scientific American* 311 (5), 2014: 39–45, doi:10 .1038/scientificamerican1114-38; Lutz, Slagter, Dunne and Davidson, “Attention Regulation and Monitoring in Meditation.”
46. Heleen A. Slagter, Antoine Lutz, Lawrence L. Greischar, Andrew D. Francis, Sander Nieuwenhuis et al., “Mental Training Affects Distribution of Limited Brain Resources”, *PLoS Biology* 5 (6), 2007: doi:10 .1371/journal.pbio .0050138.
47. Yi-Yuan Tang, Yinghua Ma, Junhong Wang, Yaxin Fan, Shigang Feng et al., “Short-Term Meditation Training Improves Attention and Self-Regulation”, *Proceedings of the National Academy of Sciences* 104 (43), 2007: 17152–56, doi:10 .1073/pnas.0707678104.
48. Julia C. Basso and Wendy A. Suzuki, “The Effects of Acute Exercise on Mood, Cognition, Neurophysiology, and Neurochemical Path- ways: A Review”, *Brain Plasticity* 2 (2), 2017: 127–52, doi:10 .3233 /BPL-160040.
49. Stan J. Colcombe and Arthur F. Kramer, “Neurocognitive Aging and Cardiovascular Fitness: Recent Findings and Future Directions”, *Journal of Molecular Neuroscience* 24 (2004): 9–14, doi:10 .1385 /JMN:24:1:009.
50. James A. Blumenthal, Michael A. Babyak, P. Muriali Doraiswamy, Lana Watkins, Benson M. Hoffman, Krista A. Barbour, Steve Herman et al., “Exercise and Pharmacotherapy in the Treatment of Major Depressive Disorder”,

Psychosomatic Medicine 69 (7): 587 – 596, doi: 10 .1097/PSY .0b013e318148c19a.

51. Gordon J. G. Asmundson, Mathew G. Fetzner, Lindsey B. Deboer, Mark B. Powers, Michael W. Otto, and Jasper A. J. Smits, "Let's Get Physical: A Contemporary Review of the Anxiolytic Effects of Exercise for Anxiety and Its Disorders", *Depression & Anxiety* 30 (4), 2013: 362–73, doi:10.1002/da .22043.
52. Stanley J. Colcombe, Kirk I. Erickson, Paige E. Scalf, Jenny S. Kim, Ruchika Prakash et al., "Aerobic Exercise Training Increases Brain Volume in Aging Humans", *The Journals of Gerontology Series A* 61 (11), 2006: 1166–70, doi:10 .1093/ gerona/61 .11 .1166.
53. Basso and Suzuki, "The Effects of Acute Exercise on Mood, Cognition, Neurophysiology, and Neurochemical Pathways: A Review", *Research gate*, 2017.
54. Joaquin A. Anguera, Jacqueline Boccanfuso, Jean L. Rintoul, Omar Al-Hashimi, Farshid Faraji et al., "Video Game Training Enhances Cognitive Control in Older Adults", *Nature* 501 (7465), 2013: 97 – 101, doi:10 .1038/nature12486; Federica Pallavicini, Ambra Ferrari, and Fabrizia Mantovani, "Video Games for Well-Being: A Systematic Review on the Application of Computer Games for Cognitive and Emotional Training in the Adult Population", *Frontiers in Psychology* 9 (2018): doi:10.3389/fpsyg.2018.02127.

Découvrez votre cerveau social, réprimez votre anxiété sociale et développez votre compassion

55. Jack P. Shonkoff, "From Neurons to Neighborhoods: Old and New Challenges for Developmental and Behavioral Pediatrics", *Journal of Developmental & Behavioral Pediatrics* 24 (1), 2003: 70–76, doi:10.1097/00004703-200302000-00014.

56. Matthew D. Lieberman, "Social Cognitive Neuroscience: A Review of Core Processes", *Annual Review of Psychology* 58 (2007): 259–89, doi:10 .1146/annurev.psych.58.110405.085654.
57. Heide Klumpp, Mike Angstadt, and K. Luan Phan, "Insula Reactivity and Connectivity to Anterior Cingulate Cortex When Processing Threat in Generalized Social Anxiety Disorder", *Biological Psychology* 89 (1), 2012: 273–76, doi:10 .1016/j.biopsycho.2011.10.010.
58. Louise C. Hawkley and John T. Cacioppo, "Loneliness Matters: A Theoretical and Empirical Review of Consequences and Mechanisms", *Annals of Behavioral Medicine* 40 (2), 2010: 218–27, doi:10 .1007/ s12160-010-9210-8; Stephanie Cacioppo, John P. Capitanio, and John T. Cacioppo, "Toward a Neurology of Loneliness", *Psychological Bulletin* 140 (6), 2014: 1464–1504, doi:10 .1037/a0037618.
59. Cigna, "New Cigna Study Reveals Loneliness at Epidemic Levels in America", May 1, 2018, https://www.cigna.com/about-us/news- room/news-and-views/press-releases/2018/new-cigna-study-reveals-loneliness-at-epidemic-levels-in-america#:~:text=Re- search%20Puts%20Spotlight%20on%20the,U .S .%20and%20 Potential%20Root%20Causes&text=The%20survey%20of%20 more%20than,left%20out%20(47%20percent).
60. Julianne Holt-Lunstad, Timothy B. Smith, and J. Bradley Layton, "Social Relationships and Mortality Risk: A Meta-Analytic Review", *PLoS Medicine* 7 (7), 2010, doi:10 .1371/journal.pmed.1000316.
61. Bhaskara Shelley, "Footprints of Phineas Gage: Historical Beginnings on the Origins of Brain and Behavior and the Birth of Cerebral Localizationism", *Archives of Medicine and Health Sciences* 4 (2), 2016: 280–86.
62. James M. Kilner and Roger N. Lemon, "What We Know Currently about Mirror Neurons", *Current Biology* 23, 2013: R1057-R1062. doi:10.1016/j.cub .2013.10.051.

63. Frans B. M. de Waal and Stephanie D. Preston, "Mammalian Empathy: Behavioural Manifestations and Neural Basis", *Nature Reviews Neuroscience* 18 (8), 2017: 498–509, doi:10.1038/nrn.201 .72. Sinigalia, "The Mirror Mechanism: A Basic Principle of Brain Function", *Nature Reviews Neruoscience* 17 (12), 2016: 757–65, doi:10 .1038/nrn.2016.135.
64. Giacomo Rizzolatti and Corrado Sinigalia, "The Mirror Mechanism: A Basic Principle of Brain Function", *Nature Reviews Neruoscience* 17 (12), 2016: 757–65, doi:10.1038/nrn.2016.135.
65. Claus Lamm, Jean Decety, and Tania Singer, "Meta-analytic Evidence for Common and Distinct Neural Networks Associated with Directly Experienced Pain and Empathy for Pain", *Neuro-image* 54 (3), 2011: 2492–502, doi:10 .1016/j. neuroimage.2010.10.014.
66. Claus Lamm and Jasminka Majdandzic, "The Role of Shared Neural Activations, Mirror Neurons, and Morality in Empathy—A Critical Comment", *Neuroscience Research* 90 (2015): 15–24, doi:10 .1016/j. neures.2014.10.008.
67. Kevin A. Pelphrey and Elizabeth J. Carter, "Brain Mechanisms for Social Perception: Lessons from Autism and Typical Development", *Annals of the New York Academy of Sciences* 1145 (2008): 283–99, doi:10.1196/annals.1416.007.
68. Greg J. Norman, Louise C. Hawkley, Steve W. Cole, Gary G. Berntson, and John T. Cacioppo, "Social Neuroscience: The Social Brain, Oxytocin, and Health", *Social Neuroscience* 7 (1), 2012: 18–29, do i:10 .1080/17470919.2011.568702; Candace Jones, Ingrid Barrera, Shaun Brothers, Robert Ring, and Claes Wahlestedt, "Oxytocin and Social Functioning", Dialogues in Clinical Neuroscience 19 (2), 2017: 193–201, doi:10.31887/DCNS.2017.19 .2/cjones.
69. Thomas R. Insel, "The Challenge of Translation in Social Neuroscience: A Review of Oxytocin, Vasopressin, and Affiliative Behavior", *Neuron* 65 (6), 2010: 768–79, doi:10.1016/j.neuron.2010.03.005.